JN245814

天変地異のオープンサイエンス

みんなでつくる
科学のカタチ

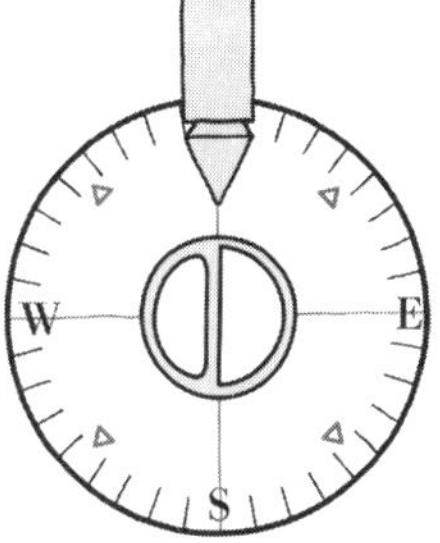

矢守克也 編

新曜社

はじめに――オープンサイエンスの二つの潮流

矢守克也

「天変地異」を、アナグラムのようにシャッフルして再編すると「天地異変」となる。地震・津波、台風、ゲリラ豪雨、土砂災害など、天地の異変としての自然災害は、古今東西を問わず、私たちを翻弄し続けてきた。それに対して、人間・社会の側も手をこまねいているばかりではなかった。もっとも、古くは、「天地神明」に祈ることを通して、すなわち、天地そのものを神的・聖的な存在と見なして、その異変を鎮めようとするのがやっとであった。

しかし、やがて、近代科学が興り、地震学や気象学などがサイエンスとして成立すると、人間・社会は、「天地」、特にその異変としての自然災害を、ただ甘受するだけでなく、自ら予測し主体的に制御することが可能だし、かつそうすることが望ましいと考えるようになった。この「予測と制御」という基本姿勢は、その役割を専ら担う特別な存在――科学者という名の専門家――を社会に誕生させた。以来、「予測と制御」は急速に進化し、絶大な効果を発揮して、人間・社会に豊かさと幸福とをもたらしてきた。

他方で、ごく最近発生した多くの災害事例を見てもすぐにわかるように、「天変地異」に関する「予測・制御」の役割を市民から託されたサイエンス（自然災害科学）は、現時点においてもなお、けっして完璧といえる水準には到達していない。むしろ、自然災害科学が一定の成果を生んだことで、逆説的にも、その成功に〈驕るマインド〉を主に専門家の側に、また、その成果に〈頼るマインド〉を主に一般市民の側に、それぞれ広範に産み落とす結果となった。阪神・淡路大震災（一九九五年）の後、しばしば耳にした「安全神話の崩壊」という言葉や、東日本大震災（二〇一一年）の後、社会の流行語にもなった「想定外（は言い訳にならない）」というフレーズに、自然災害科学をめぐる社会の動揺、とりわけ、科学者と一般市民との間のきしみがよく表現されている。

自然災害科学は、人の生死にダイレクトに影響を及ぼす事象（天変地異）を主要な守備範囲としている。そのため、一方で、その出来不出来は、ごくふつうの一般市民の目にも歴然とした形であらわれる。しかし他方で、その具体的な内容は、他の研究分野と同様、近年急速に高度に専門化・複雑化し、一般市民には容易には理解できないものとなりつつある。このために、科学者と一般市民はそれぞれ別々の場所に引き裂かれ、「アウトリーチ」（科学的研究の成果の普及や啓発）と称される細い回路だけが、辛うじて〈驕るマインド〉と〈頼るマインド〉の間を取りもつという現状が出来した。

そこで、本書のもう一つのキーワード、「オープンサイエンス」が登場することになる。今度は「オープンサイエンス」というワードをシャッフルすると、「サイエンス・オープン」（science open for〜）」が得られる。オープンである（開かれている）のはいいとして、問題は、「サイエンス」が、だれ（何）に対して、どのような意味で開かれているかである。詳細は第1章をご覧いただくとして、この問いに対する回答に応じて、これまで議論され模索されてきた「オープンサイエンス」のムーブメントは、大別して二つのグループに分類することできる。

一つは、より多くの異なる分野の専門家たちに対して、互いの研究データや研究成果が「オープン」であることを強調するグループである。そこでは、主に、「オープンデータ」、「ビッグデータ」、「データ駆動型社会」（Society5.0）、「インター（ないしマルチ）ディシプリナリー」といった概念が強調され、既成のサイエンスをより高度に「使う」ことが基本に据えられている。

もう一つは、サイエンス研究の成果はもちろん、研究の計画・実施、成果の検証など、サイエンスの全体的なプロセスが、一般市民に対して「オープン」であることを強調するグループである。そこでは、主に、「シチズンサイエンス」、「アクションリサーチ」、「市民参画型科学」、「知識の共創」、「多様性によるイノベーション」といった概念が強調され、サイエンスを共に「創る」ことが重視されている。

本書は、両者のうち、主に後者の立場に立って執筆されている。すなわち、科学者という名の専門家の間だけではなく、広く一般市民の参画を重要なエンジンとして活用することで、社会におけるサイエンスのあり方そのものをシャッフルすることを目標にしている。これは、サイエンスの高度化ではない。また、サイエンス本体を温存したまま、その成果を「わかりやすくお伝えする」姿勢——先述の「アウトリーチ」——とも一線を画す方向性である。

本書は、市民参画を基軸とした「オープンサイエンス」の考え方を、自然災害科学の領域に初めて本格的に導入しようとする試みである。自然災害科学は、率直に言って、オープンサイエンスの後発分野である。しかし、人びとの生命・財産・健康・生活を脅かす可能性がある災害（リスク）を直接対象としているからこそ、自然災害科学について、市民は、その成果を受動的に享受するのではなく、能動的にそこに関わることが求められる。この意味で、「天変地異のオープンサイエンス」は、科学の民主化であると同時に、リスクの民主化を志向する取り組みでもある。地球規模の気候変動による直接間接の影響を受けて、大きな自然災害が立て続けに私たちを襲いつつある中、自然災害科学のオープンサイエンスへと向けた飛躍と刷新のタイミングは今をおいて他にない。

以下、本書の概要をごく簡単にプレビューしておこう。

第1章（八木・矢守）は、本書全体を概念的に下支えするチャプターである。上で述べたように、基幹概念であるオープンサイエンスについては二つの大きな潮流がある。第1章で使われているキーワードを使えば、サイエンスを「使う」オープンサイエンスなのか、サイエンスを「創る」オープンサイエンスなのか、この違いである。両者ともそれぞれに意義ある試みであるが、本書では、ヴァルネラブルな立場にいる人たちに目を向け、人びとをエンパワメントするための仕組みとしてもオープンサイエンスは有効だとの観点を重視して、主に後者の潮流に光をあてる。

第2章から第4章までの三つの章では、主に「天変」、すなわち、地球規模の気候変動が影響していると考えられているものも含めて、台風、豪雨災害など気象・水象に関わる災害を取り上げて、「天変地異のオープンサイエンス」に関する個別的な取り組みについて紹介している。

第2章（竹之内）の主題は防災気象情報である。この章の焦点は、防災気象情報の what ではなく、who と how にある。つまり、情報の中身ではなく、だれがどのようにその情報を作り、送り出し、活用しているか——このプロセス全体を再構成するための仕組みとしてオープンサイエンスが位置づけられている。第3章（本間）では、従来、官公庁（気象庁ほか）との結びつきが強固だった防災気象情報が、ビジネスの世界と接点を持ち始めたことが、カスタマイズ、サービスといった鍵概念とともに、情報の「共創」という新たなトレンドにつながっていることが紹介されている。第4章（八木）のテーマは気候変動問題である。本章では、「ミニ・パブリックス」など政策決定における市民参加の方法が詳しく紹介される。なぜなら気候変動問題への取り組みとは、究極的には「デモクラシー」（第10章で詳述）の問題だからである。何人もそこから逃れることができない天変地異としての気候変動に対して、人びとの多様な意思をどのように集約しアクションを盛り上げていくのか、そのための技法としてオープンサイエンスが要請されている。

第5章から第8章までの四つの章では、主に「地変」、すなわち、地震、および、その地震によって引き起こされる津波による災害を取り上げて、「天変地異のオープンサイエンス」を推進した具体的な事例を紹介している。

第5章（矢守）は、サイエンスミュージアムとして蘇った大学の地震観測所が舞台である。当初はミュージアムの訪問客であった市民たちが、その後、ミュージアムのレクチャーやガイド役――「阿武山サポーター」――をつとめるに至るまでの経緯が描かれている。第6章（飯尾）は、第5章の姉妹章である。「阿武山サポーター」たちの活躍の舞台は、やがて、最先端の地震観測研究本体にも及ぶことになる。この観測研究の研究代表者をつとめた地震学者によって執筆された本章を読むと、オープンサイエンスがサイエンティストの側にはどのように映っていたのかがよくわかる。第7章（中野）は、ここまでの各章からは一転して、海外（メキシコ）の事例を扱っている。国が変われば、科学技術の進捗具合もサイエンスに対する人びとの意識も大きく変わる。たとえば、大学の研究者に対

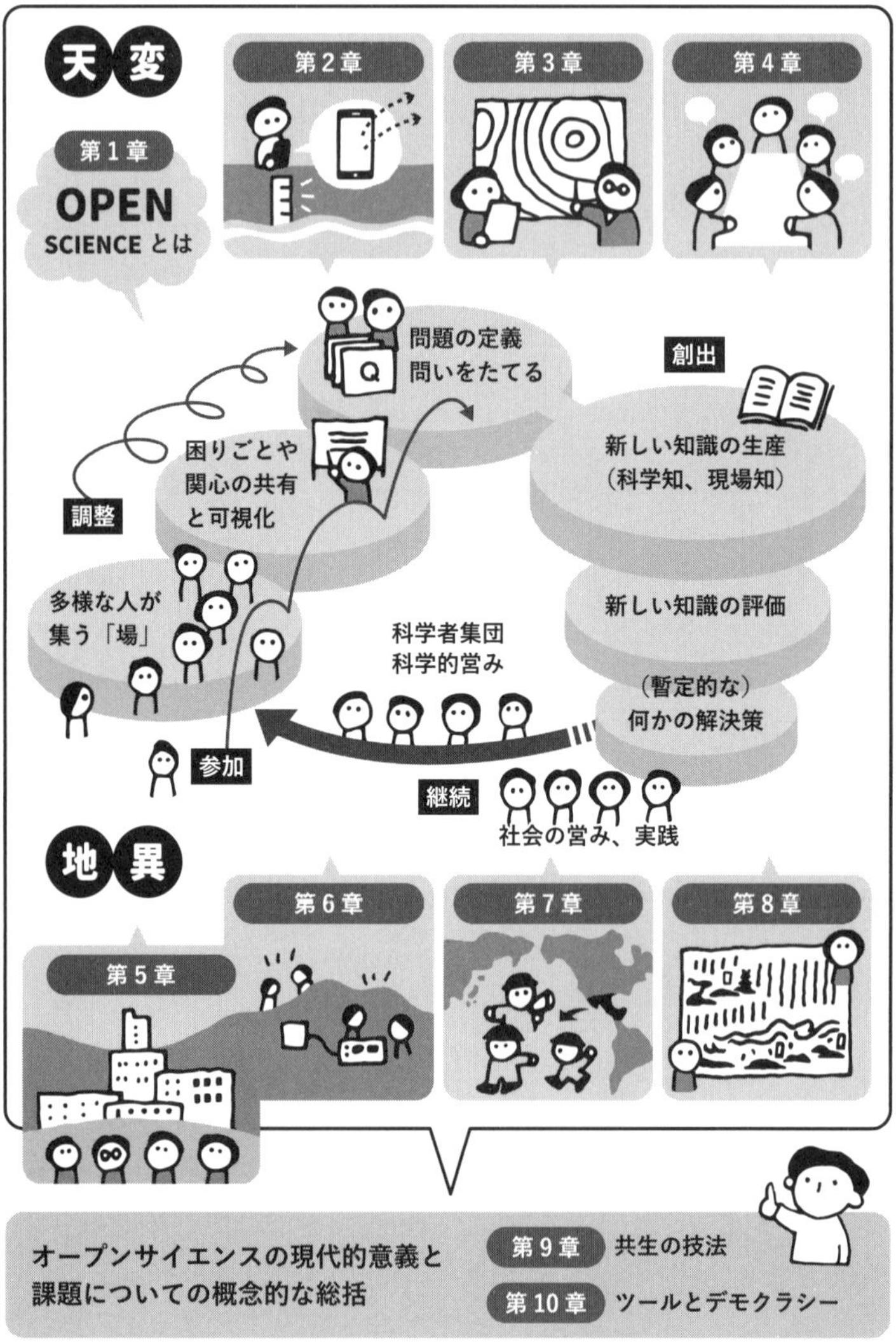

図1　オープンサイエンスの循環図

する視線に大きな違いがある社会でオープンサイエンスという営みは、人びとの目にどう映るのか。第8章（加納）の主役は古文書である。古文書に描写された天変地異（中近世の災害など）を市民参加で解読する試みは、地震学（者）と歴史学（者）の学際的な交流・協働であり、かつ、専門家と市民の交流・協働でもある。

第9章と第10章は、第2章から第8章で紹介した具体的な事例を踏まえて、再び、「オープンサイエンス」の現代的意義と課題について、新たな実践事例を紹介しながらも、基本的には概念的に総括している章である。

第9章（稲場）では、市民参加をベースとする「オープンサイエンス」が、多様な人びとが相互に対等に関わり、共に社会課題に取り組むための「共生の技法」であるとの視点が押し出される。このとき、従来の「技術によるイノベーション」だけでなく、「多様性によるイノベーション」が重要であることが強調される。では、これら二つのイノベーションをどのように実現するのか。この章の後半で紹介される「災救マップ」は、その問いに対する著者（稲場）自身による回答である。

最後の、第10章（矢守）は、「天変地異に関するオープンサイエンス」を実現するための鍵は、「ツール」（専門家と一般市民の間の橋渡しをする道具）と「デモクラシー」（すべての人びとによる積極的関わり）にあるとの観点に立っている。これら二つのキーワードを使って、かつ、新たな事例——避難訓練支援アプリ「逃げトレ」、防災ゲーム「クロスロード」——も紹介しつつ、本書全体が締めくくられる。

以上のように、本書には、サイエンスを共に創るための場に多様な関係者が「参加」し、相互の異なりを「調整」し、新たな知や関係性を「創出」し、さらに、そうした活動を一過性のものとすることなく「継続」するためのオープンサイエンスの実践が多数紹介されている。本書が、自然災害科学を狭い意味のサイエンスの軛から解き放ち、広く市民に開かれた市民参画型科学――「天変地異のオープンサイエンス」――として再生するための契機となり、同時に、社会と科学の間により豊かな関係を構築するための礎となれば幸いである。

最後になったが、本書の成立経緯について一言述べておきたい。本書は、編者（矢守）が研究代表者をつとめた日本学術振興会科学研究費補助金（挑戦的研究（開拓）：18H05319）による研究プロジェクト「天変地異のオープンサイエンス」の成果をまとめたものである。研究助成を頂戴したことにお礼申し上げたい。

本書の表紙カバーについても一言お礼を述べておきたい。このとても洒落たカバーをデザインしてくださったのは、アトリエ・カプリスの岩田直樹さん、いわた花奈さんである。二人は、本書の第5章および第6章の舞台となっている京都大学防災研究所阿武山観測所を訪問し、そのときの印象をベースにデザインを考えてくださった。本書が「オープンサイエンス」の額面通り、多くのみなさんから親しみやすく開放的な印象をもっていただけたとすれば、二人のおかげである。心からお礼申し上げたい。蛇足ながら、メインモチーフとなっているのは観測所の円窓である。この昭和レトロな円窓は、第5章の扉および図1に掲げた写真の中央下に見ることができる。

研究が一定の進捗を見た頃、「成果を集約した書物を刊行したい」との相談を、これまで何度もお世話になった新曜社さんに持ちかけたところ、快く引き受けてくださった。書物づくりの前半、企画段階では同社の大谷裕子さんに、そして後半、編集・校正段階では同社の原光樹さんに、それぞれ大変ご厄介になった。本書を世に出せたのは二人のおかげである。ありがとうございました。

天変地異のオープンサイエンス——みんなでつくる科学のカタチ＊目次

第10章　デモクラシーを支えるツール

——あまねくすべての人に

矢守克也　221

装幀——アトリエ・カプリス

第1章 オープンサイエンスの諸相

——天変地異をめぐるオープンサイエンスのカタチ

八木絵香・矢守克也

「オープンサイエンス」この言葉をきいた時、みなさんは、どのようなことを思い浮かべるだろうか。その言葉の意味をそのままに捉えれば「開かれた」サイエンスということになるだろう。

では、開かれたという状況は、誰が誰にたいして開いているのだろうか。何の目的で、どのような手段で、開くのだろうか。そもそも、開かれたというのはどのような状況なのだろうか。それは、科学の担い手である専門家が、誰かに向かって一方向で開くもので十分なのだろうか。

本章では、このような疑問に応えることも射程に入れ、この本の中で取り扱うオープンサイエンスが、どのようなものなのかについて解説を加えていく。その上で、各章で丁寧に記述される多様なオープンサイエンスの取り組みの位置付けを示し、天変地異をめぐるオープンサイエンスのカタチについて、みなさんと考えたいと思う。

1　本書で取り扱うオープンサイエンスの射程

オープンサイエンスとは何か

日本学術会議（2020）によれば、オープンサイエンスとは「ＩＣＴを活用して科学を変容させること」であり、「研究データを含めた研究成果をインターネットの上で広く共有する科学の進め方」とされている。また林（2018）は、ＯＥＣＤや科学技術基本計画の定義に基づき、オープンサイエンスを「公的資金による研究成果を社会に開放すること」であり、「学術論文のオープンアクセス化と研究データのオープン化を含む概念」と整理している。加えてサイエンスという営みは、その成果を広く公開し、人類の知として使い、さらに発展させていく枠組みの中にあるものなので、オープンではないサイエンスは存在しないとも指摘している。

オープンサイエンスをめぐっては多様な議論があるが、本書におけるオープンサイエンスの出発点は、林による「オープンサイエンスは、ＩＣＴによるデジタル化とネットワーク化された情報基盤およびその基盤が開放する多量で多様な情報をさまざまに活用して科学研究を変容させる活動であり、産業を含む社会を変え、科学と社会の関係も変える活動」としたい。

その上で、本書におけるオープンサイエンスの射程について議論を深めていく。

オープンサイエンスを「使う」科学

オープンサイエンスという概念を考える時に、情報基盤技術の飛躍的な進歩は、大きな鍵となる。

科学者が加速度的に発展する情報技術を駆使し、市民社会を含むさまざまなステークホルダーを巻き込みながら、科学的営みを展開していく。こうした取り組みは、現在注目を集めるオープンサイエンスの中核をなすものである。このようなオープンサイエンスの営みは、別の言い方をすればより多くの「資源」を投入することにより、データの厚みを増し、分析の解像度を向上させ、自然の中にある諸対象の法則性を明らかにするという科学の営みを、より進化させようとするものである。

その代表例の一つが「共同解析」と呼ばれる取り組みである。もっとも有名な事例の一つは、二〇一三年にノーベル物理学賞を受賞したヒッグス粒子の発見である。共同解析以前は、ヒッグス粒子を発見するためには、高精度の検出器を使い、素粒子のわずかな挙動を感知し、それを記録した膨大なデータを解析してその痕跡に迫る必要があるとされていた。しかし微細な素粒子は、肉眼でとらえることができないため、その膨大なデータを効果的に処理するためには、一つの組織やグループだけでは担いきれないという困難が存在した。それが情報通信技術の発展により、世界中の研究機関による共同解析が可能となり、ヒッグス粒子が発見されたのである。

また、「地球観測に関する政府間会合（ＧＥＯ）」に世界各国が参加し、地球規模の森林や農業、温室効果ガス観測の科学的データを共有・無償公開することにより、気候変動や防災などの政策決定の質を向上させたことも、情報基盤技術に基づくオープンサイエンスの顕著な成果といえよう。

そのほかにも、天文学の分野において銀河の写真を分類する「Galaxy Zoo」や、鳥の観察や植物の開花記録、昆虫の調査などを行う「eBird」「iNaturalist」などのプロジェクトも展開されている。これらの取り組みは、自然の営みを解き明かす楽しみに集う人びとと科学者が、協働でデータを収集し、分析・解釈を進めていくオープンサイエンスの取り組みとして、注目を集めてきた。

加えて、知識生産の結果を広く公開するためのオープンアクセスの取り組みも進んでおり、大量印刷と物流による情報発信の時代から、インターネットを通じて誰もが研究成果にアクセスできる環境も整いつつある。これらの取り組みは、科学者が過去に科学の世界に囲い込んできた知識の解放を通じて、情報の非対称性を緩和する役割も果たしている。

ここまで示してきたオープンサイエンスの営みは、対象となる問題（研究の「問い」）と解き方がある程度見えている、もしくは定式化された問題を扱っているといいかえることもできる。ここで対象となる問題は、たくさんの人的リソースを必要としたり、体系的な知識に基づく、膨大な作業や分析を必要としたりするタイプのものである。そのため、単独の研究チームや組織では、解決に至ることができないという課題を抱えていた。しかし、問題の解き方はある程度見えていたため、情報技術が発展することにより、今まで抱えていたハードルを解消することが可能となったのだ。このタイプのオープンサイエンスでは、サイエンスの作法そのものは大きく変化せず、見えている解き方を効率的・効果的に実行することで、飛躍的な科学の発展をもたらす。その意味でオープンサイエンスという新たな手法を巧みに「使う」科学ということができよう。

科学を「創る」オープンサイエンス

これに対置されるのは、科学を「創る」オープンサイエンスである。

オープンサイエンスという手法を「使う」科学は、その問題の輪郭は見えており、解き方の方向性もある程度判明しているにもかかわらず、解く手段の進化が追いつかず、問題の解決には至らない場合に威力を発揮する。

一方で、科学を「創る」オープンサイエンスが必要とされる場面は、その問題の輪郭がそもそもはっきりしておらず、何がその問題の解決なのかすら、わかりにくい問題に直面している時であるといえる。例としてあげるとわかりやすいのは、二〇二〇年以降世界中を席巻した新型コロナウイルスをめぐる諸問題であろう。

感染拡大を防ぐためにはロックダウンに代表される厳しい措置が必要とする声がある一方で、経済活動への影響や個人の自由への制約を懸念する声もあがったことは、記憶に新しい。ワクチン接種一つをとっても、ワクチンの有効性や安全性に疑念を抱く人びとと、ワクチン接種を強く支持する人びととの間で激しい意見の対立が存在した。このような人びとの不安、不満の声が燻っているとき、どのように対処することが正解なのかについての答えは簡単には導けない。そもそも、特定の誰かの知識や意見だけを判断材料として決めることはできないし、誰の意見を聞けば良いか決めようとすると、それをどのものさしで判断するのかという新しい問いが生まれる。また目まぐるしく状況が変わる中で「正しさ」の条件そのものが、時間とともに変化してしまうという場合もある。

このような問題を解くためには、従来の科学の利用に留まらず、科学者と多様な市民との協力によって新しい科学のあり方を模索し、課題に対する解決策を共同で生み出していくことが求められる。つまり、専門家と市民で科学を共に「創る」オープンサイエンスが求められるのである。このオープンサイエンスの形態では、市民をはじめとするさまざまな関与者が、科学的な知識の単なる受け手としてではなく、自ら主体的に課題に参加し、新しい知識の生成を担う一員として存在する。科学者と共に、既存の科学を学び、自らの生活の場、活動の場の文脈でそれを捉え直し、感じたことを言語化し、具体の取り組みとして可視化する。そのことによって、新しい知識を生み出す過程に自らも巻き込まれていくのである。

この観点からいえば、オープンサイエンスという手法を「使う」科学が、科学者中心主義のアプローチであるのに対し、科学を「創る」オープンサイエンスは、多様な市民が参加し、科学そのもののあり方を見直す、共創を重視するオープンサイエンスであるということができる。

オープンサイエンスという手法を「使う」科学と、科学を「創る」オープンサイエンスという二つのオープンサイエンスの対置的な位置づけは、本章以降のさまざまな事例の中にもちりばめられている。「生産する／享受する」という関係性と「共に創る」関係性の違い。「主体的／客体的」という関係性と「共同的」という関係性の違い。「能動的／受動的」という関係性と「協働的」の違い。科学は「不動・不変」であるという考え方に立脚したオープンサイエンスではなく、科学は「再編・可変」という考え方に立脚したオープンサイエンス。これが本書で提唱するオープンサイエンスのありようである。

天変地異という「リスク」をめぐるオープンサイエンス

ではなぜ本書の主題は、あえて天変地異なのであろうか。

「はじめに」において矢守が述べたように、天変地異をめぐる問題は、地震・津波、台風、ゲリラ豪雨、土砂災害など、古今東西を問わず、私たちを翻弄し続けてきた。それに対して近代科学の発達は、私たちの社会が異変としての自然災害をなすがままに受けとめるのではなく、科学により予測し、主体的に制御することが可能な問題として災害を位置づけることへの変化を促した。前述のオープンサイエンスという手法を「使う」科学は、その文脈でいえば、科学を用いて天変地異に抗おうとするものである。

かつては自然現象であり、人びとがその結果としての被害もある種の運命として受け入れてきた天変地異は、ダムや堤防・護岸の整備状況、精度の高い気象予報システムの開発と運用状況、適切な避難に関する意思決定などによって、その結果(被害の程度)が大きく左右されるものであると受けとめられるようになってきている。つまり科学技術の進展により、被害は人間社会の意思決定の帰結としてもたらされるもの、いいかえるならば、適切な意思決定が行われれば、被害を回避・軽減することが可能なもの、と考えられるようになってきたのである。

一方で、近年発生した災害や本書で扱う事例を見てもわかるように、この近代科学に基づく予測と制御という考え方は、一定程度の成果をもたらしてきたと同時に、それが完璧といえる状況には至ってはいない。また、世の中には無数の社会課題がある。災害対策の必要性が社会的に認知されていても、すべての人員や費用(税金)をそれだけに使えるわけでもない。医療や介護の問題、子どもたちの教育環境の問題、公共施設や水道、道路などの社会インフラの整備や維持など、地域の中にもさまざまな課題が存在し、そのどれを優先するかという社会的意思決定は自明でない。また災害対策を大前提としたまちづくりは必要である一方で、日々の生活そのものを不便にしてしまう場合もあり、想定される被害の程度と、備えに必要な費用や手間のバランスをどのようにとるかの答えは一つには定まらない。天秤にかけてどうバランスをとるかは、それぞれが置かれた状況や経験により異なるため、多様な意見を出し合い、すり合わせ、どの価値を優先していくべきかを、その社会に生きる人びとが、決めていくことが求められるのである。

だからこそ、人びとの生命・財産・健康・生活も全てを脅かす可能性がある天変地異（リスク）をめぐる諸問題を「解決」していくためには、科学を「創る」オープンサイエンスが必要となるのである。本書の主題は、人びとの生命・財産・健康・生活に深刻な影響を及ぼす可能性がある天変地異を対象としたオープンサイエンスである。第10章のタイトルが「デモクラシーを支えるツール」であることからも読み解けるように、本書の中でとりあげるオープンサイエンスは、科学の営みと強い結びつきをもちつつ、私たちが社会をどのように望み、どう形づくろうとするかという、民主主義の根幹でもあるのである。

2　天変地異のオープンサイエンス――そのさまざまなカタチ

以下では、本書の中で紹介する多様な取り組みを俯瞰しつつ、科学を「創る」オープンサイエンスにどのような可能性があるか、について考えたい。

新しい「知」を創出するためのオープンサイエンス

ここまでも触れてきたように、科学を「創る」オープンサイエンスは、科学者主導では生み出されないような新しい知を創出するための取り組みである。

第2章は災害情報の取り組みを紹介する論考である。竹之内は、従来指摘されてきた「災害情報が十分に活用されていない」という課題設定に対する科学者の議論や振る舞いは、当事者たちに本当の意味で寄り添ったものであったのだろうか、という疑問を出発点とする。その上で、個別の地域に分け入り、そしてその地域の人びとと災害情報をめぐる協働作業を行い、地域に住む人びとが、自分たちの地域の災害に向き合うための「言葉を生み出す」プロセスに伴走していく。その地域に住まう人びとから発せられる言葉は、新しい知そのものでもあるし、また科学者が新しい知を見出していくための触媒にもなりえるものである。

また第3章は、企業（民間気象事業者）がハブとなって気象情報がつくられていくことの意味についての論考である。民間気象事業者は、一般論としての気象情報の提供ではなく、個別のニーズ（困りごと）にマッチした情報を提供することが求められる。そのため、さまざまな背景やニーズをもつ顧客と、丁寧にコミュニケーションをとり、顧客の「困りごと」を深く理解し、どのような情報を提供すべきなのかを考え抜く。このことにより、情報利用者である市民と科学的専門性を有する専門家を結びつける役割を、民間気象事業者が担っていることが第3章では明らかにされていく。ビジネスである以上、顧客のためにカスタマイズした情報を生成し続けなければ、市場で勝つことができない。このビジネスであるが故の縛りが、新しいタイプの災害情報の生成に寄与している様子が、第3章では生き生きと描きだされる。

輿論を創るためのオープンサイエンス

また、本書で指し示すオープンサイエンスのあり方には、輿論を創るためのオープンサイエンスという意味合いも含まれている。佐藤（2008）は、従来パブリックオピニオン（公論）という意味合いで使われていた「輿論《よろん》」が、明治以降において、ポピュラーセンチメンツ（民衆感情）を意味合いとした「世論《せろん》」と混同されるようになった経緯について解説した上で、熟議を通じて「輿論《よろん》」を創り上げていくことの重要性について指摘している。

この輿論に基づく社会的意思決定は、天変地異をめぐる問題ではとりわけ大きな重要性をもつ。なぜならば、天変地異をめぐる社会的意思決定は、本人が望む、望まないにかかわらず、その社会を構成する全ての人びとの生命や財産に、大きな影響を与えるためである。場合によっては、現世代の決定が将来世代の命運を握る可能性すらある。だからこそ、その時の一過性の考えや感情で判断するのではなく、人びとが天変地異について持っている「意見」や「考え」を共有し、吟味した上で輿論《よろん》が形成され、それが意思決定につながっていくような社会的枠組みが重要となる。

第4章で紹介する気候変動をめぐるミニ・パブリックスの取り組みは、無作為抽出型の市民会議の結果を政策決定につなげていこうとするものである。社会全体の縮図を作って議論を行い、その結果を政策決定に用いる市民参加の方法という意味で、まさに輿論を形成し、それを社会的意思決定に結びつけていこうとする取り組みである。また直接的な輿論形成ではなくとも、第5章や第6章で示すような、科学の営みを起点として、街の中に社会のなかにさまざまなコトを起こすことで、社会を変えていく営みも、広い意味で輿論形成につながるオープンサイエンスの取り組みであるといえよう。天変地異をめぐる現場に足を運び、そこで、その場所に集うさまざまな人と共にコトを起こすことで、新しい言葉をつくりだす。これもまた本書が指し示すオープンサイエンスの視点なのである。

ヴァルネラブル（脆弱）な立場にある人たちの視点を取り込むオープンサイエンス

天変地異をめぐる課題についていては、そのままにしておくと、ケアが行き届かないところにいる人たちがいる。そのような人びとに手を差し伸べるための装置としてのオープンサイエンスの重要性についても、指摘しておきたい。

第9章で稲場は、「他者を思いやり、共に生きていくために、多様な人が関わり、社会課題に取り組む」という共生のありようについて論じている。ここで稲場が論じている共生のありようは、単に多様な市民が関わるということを超え、障がい者、高齢者、外国人、病者、子どもなど、まさにヴァルネラブルな立場にある他者に想いを馳せ、人が共同で生きていく「場」としての共創こそが重要だとの視点に直接的につながる。

第4章で示すミニ・パブリックスの事例では、マクロな視点での輿論形成の重要性のみならず、通常の方法では認識されない市民の声が可視化されていくプロセスを分析することで、ヴァルネラブルな立場にある人たちの視点を取り込むオープンサイエンスの具体例を示している。

また第7章では、メキシコ・シワタネホでの地震・津波研究プロジェクトを事例として、日本と海外（発展途上国）との比較と、そこでのオープンサイエンスの意義について詳細な記述がなされる。

中野は、防災が市民の間に広がらないと悩むメキシコの行政職員と共に、学校や地域をまわって防災教育に取り組みはじめ、そこで改めて、防災に関わる科学が市民に普及した社会と、そうではない社会の違いを目の当たりにする。日本と同じような仕方ではなく、その現地に即したあり方を模索することは、科学が発展した国々の作法を「押し付けない」という意味で、ある種の社会の周縁部へのケアという視点を含む。

また第7章ではシワタネホの市民が、日本とは異なり、研究者や防災科学に高い信頼や期待を寄せていること、社会における科学（者）の位置づけが異なることが記述され、そのことが日本で防災研究を進める研究者たちにも新しい気づきを促すことが示唆されている。周辺―中心という二項対立ではなく、一見すると違う時代、違う空間、文化で分けられた人びとが、大きな枠組みの中で相互に補完し、ダイナミックな形でともに新しい防災・減災研究につながるオープンサイエンスの形がここでは描きだされている。

エンパワメント装置としてのオープンサイエンス

そして第7章の記述で興味深いことは、そこで取り扱われる科学が、研究・学問という文脈ではなく、エンターテインメントの文脈で機能していることである。シワタネホでは、科学者の講演は堅苦しい勉強の場でだけでなく、ダンスや歌が披露されているコンサートの幕間に、差し込まれることもあるのだという。

中世ヨーロッパにおいて科学（者）は、宮廷貴族にとってのエンターテインメントであった。天文学者が、王侯貴族に対して天文現象や星座について語り、観測装置や計算方法を披露する。科学者は、何かの知恵を授けてくれるだけの人でなく、科学というデモンストレーションを通じて、人びとを楽しませてくれる存在であった。現代の日本で科学者がこのようなエンターテイナーとして直接的に捉えられることは少ない。しかし市民の間に科学が普及していないシワタネホのような社会では、科学の物珍しさに人びとが躍動し、そのことが市民の科学への信頼や期待に寄与している。そういう意味でのエンパワメント装置として機能しているのだ。

またこのような状況において、科学者が現場に分け入り、時にはエンターテイナーとして、時には知識の伝道者として存在することで、市井の人びとの科学についての眼差しが変わる。市井の人びとから投げかけられた称賛や疑問の声によって、科学者の側も変わり、自分の関わりによる変化を人びとも実感できる。第9章で記述される「共生のモデル」がそこにもまた、生き生きと立ち上がってくるのである。オープンサイエンスの根底には、共に生きるという通底する価値観が存在するのだ。

第8章で記述される「みんなで翻刻《ほんこく》」の事例も、市民の科学への係りをエンパワメントする機能をもつものである。「みんなで翻刻」プロジェクトは、京都大学古地震研究会が公開した市民参加型の地震史料翻刻プロジェクトである。現在は、ＡＩ技術なども応用しつつ、地震史料だけでなく広く歴史資料を翻刻・共有するためのプラットフォームとして、オンラインであることの強みをいかした活動を続けている。参加者の中には、地震や防災にはそれほど興味はなく、くずし字の解読自体を楽しむ参加者も少なくないという。コロナ禍があけた二〇二三年秋には、国立科学博物館での対面イベントを開催したことで、科学に興味をもつもの、持たないものを超えて新しい交流が広がったという。

科学を用いて何か新しい発見をするという方向性ではなく、過去の人びとが書き残したものを共に読み込んでいき、そこで感じたことを共有する。そのプロセスを楽しむ。そうすることで、見えてくるオープンサイエンスの意義があるということであろう。天変地異の被害を軽減する、もしくはそれに適用する社会を作ることを直接的に目指すのではなく、知的に楽しいからこそ、そこに人が集う。そしてそこからじわじわと広がりを見せる形で、結果として知的生産のスタイルが変化し、新しい社会のありようがもたらされる。そのような柔軟かつ広がりをもつことを下支えする機能も、本書で大切にするオープンサイエンスの形であるといえる。

Cultural（豊かさ）のオープンサイエンス

それは別の言い方をすると、Cultural（豊かさ）のオープンサイエンスという側面が、本書のさまざまな事例から示唆されるということである。天変地異をテーマとするオープンサイエンスの全てが、直接的に問題解決を志向するためのものである必要はない。さまざまな人が参画し、そこで意図しない新しい社会の活動が生まれていくことにも、オープンサイエンスの意味がある。

第6章では、地震観測の分野において主流であるインターネットによるデータ収集ではなく、さまざまな場所に設置された観測点に直接、人が出向き、データを回収する方法で、一万点規模の地震観測を目指す「満点計画」の試みが紹介されている。観測点は、街中のアクセスがよいところばかりではなく、人里離れた山中にあることも少なくない。当然データの収集には、膨大な手間や労力を要するのだが、これを科学者のみならず、さまざまな地域に住まう当事者が協力し、共同してデータを収集していくことの大変さと楽しさが、そこでは描かれている。最初は、地震観測のデータの収集という目的のもとに始まった試みだったものが、そこに、さまざまなエピソードを織り交ぜて、人が集い、その活動が持続されていく。その姿はまさに、科学と同時に地域そのものを豊かにし、地域コミュニティの基盤をつくるプロセスであったといえよう。そしてその場では、人と人のみならず、知識と知識が縦横無尽に結びつき、防災活動の裾野が広がっていく。

第5章では、本書装丁にもある阿武山地震観測所に集う人びと、阿武山サポーターによる活動が紹介される。そしてこの阿武山サポーターの活動こそがまさに、地震災害を防ぐ、地震にまつわる科学研究を推進するという目的よりむしろ、Cultural（豊かさ）の側面を表しているという指摘がなされる。地震学や地震観測研究だけではなく、観測所の周辺環境を知的な娯楽や楽しみとして受け入れ、そして享受しようとする姿勢。防災のためと大上段に構えるのではなく、楽しいから続く関係性、これこそが本書のオープンサイエンスのキーとなる要素である。

3　オープンサイエンスの活動・思想を社会に根付かせるために

天変地異という「やっかいな問題」

山崎（2022）は、天変地異のように問題の輪郭がはっきりしておらず、また影響がどこまで広がっているか自明ではなく、原因を一つに特定することもできず、とるべき方法も一つに定まらない問題を「やっかいな問題」として位置づけ、その解決のための方法論について論じている。そこで通底する視点の一つは、やっかいな問題とは、答えがない問題であり、別の言い方をすると誰かが定義しない限り正解が存在しないような問題である。だから一人で解こうと頑張るだけでは「私の正解」にしかならないとして、それをみんなで解く方法について事例を交えて紹介している。

山崎はやっかいな問題にアプローチするためには、少なくとも「参加」「調整」「創出」「継続」の四つの視点が必要であるとする。

「参加」とは、誰がその問題を探り、また解くために関与するのかを決めることである。そもそも誰が参加するのが適切なのか。誰が参加するのが適切なのかを、誰が決めるのか。多様な参加を保証するためにはどのような工夫や場作りが必要なのか。参加の場面で考えなければならないことは多岐にわたる。

また、さまざまな人が参加する場合、懸念や関心は異なるため、異なる前提を共有したり、場合によっては丁寧なプロセスを通じて、改めて言語化したり、可視化することが必要になってくる。ヴァルネラブル（脆弱）な立場にある人たちの参加を確かなものにするためには、参加の仕方は大きなポイントになるだろう。また調整のプロセスのなかで、新しい／必要な参加者が見えてくる可能性もある。場合によっては、当初は参加者として想定されていなかったような人が入ることで、新しい課題が浮かび上がったり、逆に解決の糸口の片鱗のようなものが見えてくるかもしれない。

何度も試して、言葉をかわし、そのなかで、結局いまここにある問題が何なのかが見えてくる。いいかえるならば問いが見えてくる。どうやら自分たちは、このような人たちと、このようなプロセスを通じて、こういう方法で問題を解決していこうとしているのではないか、そういうものがおぼろげに見えてくるのが「調整」のプロセスである。そしてそれぞれの参加者は、自分はこのような立ち位置でこの場に関与しよう、あの人はきっとこのような関わり方でこの場にいるのだろうといった、相互の関わり方を見出すようになる。

そしてそこからは、とにかく動いて、何かを「創出」してみるフェーズに移る。参加者がバラバラに活動するのではなく、それぞれができることを、またそれぞれがやっていることを相互に参照しつつ、新しい実践／新しい知識を創出していく。場合によってはそれを評価し、暫定的な解決策を見出してみる。そしてそれがまた次の参加につながる。

ここで強調したいことは、このモデルは、アーンスタイン（1969）が提唱した梯子のように参加のレベルが上がっていく古典的な市民参加のリニアモデルに基づかない、ということである。一部の人間（多くの場合は科学者を中心とした専門家）が答えを用意して、それに基づいて、さまざまなアクターの関与を求めていくとオープンサイエンスを「使う」科学ではなく、主体的参加と相互理解に基づいて、「解」を見出すための協働作業を行い続ける科学を「創る」ためのオープンサイエンス。多様な参加者がそれぞれが自分の立ち位置から、あるべき「解」を書き換え続けるような姿こそが、本書で指し示すオープンサイエンスなのではないかと思う。

そして、さらに重要なことはその取り組みが「継続」されることである。この種の参加型の取り組みをしたことがある方にはおわかりいただけると思うが、この継続が難しい。社会状況も変化する。そして誰しもが歳をとる。また学生だった人は社会人になり、また子どもが生まれて親になり、場合によっては自らの健康状況に難がでてきたり、家族にケアが必要な人がでてくるなど、参加者が多ければ多いほど、活動に関与する人びとの状況は常にダイナミックに変化する。ちょっとしたきっかけで、継続できずに活動が雲散霧消してしまった例には事欠かない。しかし、どのような形でも継続していれば、またそこに新しい参加者が集い、新しい場が生まれ、そして新しいオープンサイエンスが生まれてくる可能性はある。その継続を後押しするのが、Cultural（豊かさ）のオープンサイエンスという視点でもあるのだ。

文献

Arnstein, S. R. 1969 A Ladder of Citizen Participation. *Journal of the American Institute of Planners, 35*(4), 216–224.

林和弘 2018「オープンサイエンスの進展とシチズンサイエンスから共創型研究への発展」『学術の動向』*23*(11), 12–29.

日本学術会議 2020「提言　オープンサイエンスの深化と推進に向けて」https://www.scj.go.jp/ja/info/kohyo/pdf/kohyo-24-t291-1.pdf（情報取得2024/11/10）

OECD 2015 Making Open Science a Reality. *OECD Science, Technology and Industry Policy Papers, 25*, OECD Publishing.

佐藤卓己 2008『輿論と世論——日本的民意の系譜学』新潮社

山崎吾郎 2022「やっかいな問題はどこから来て、どこへ行くのか」堂目卓生・山崎吾郎（編）『やっかいな問題はみんなで解く』（pp. 23–66）世界思想社

第Ⅰ部　天変編

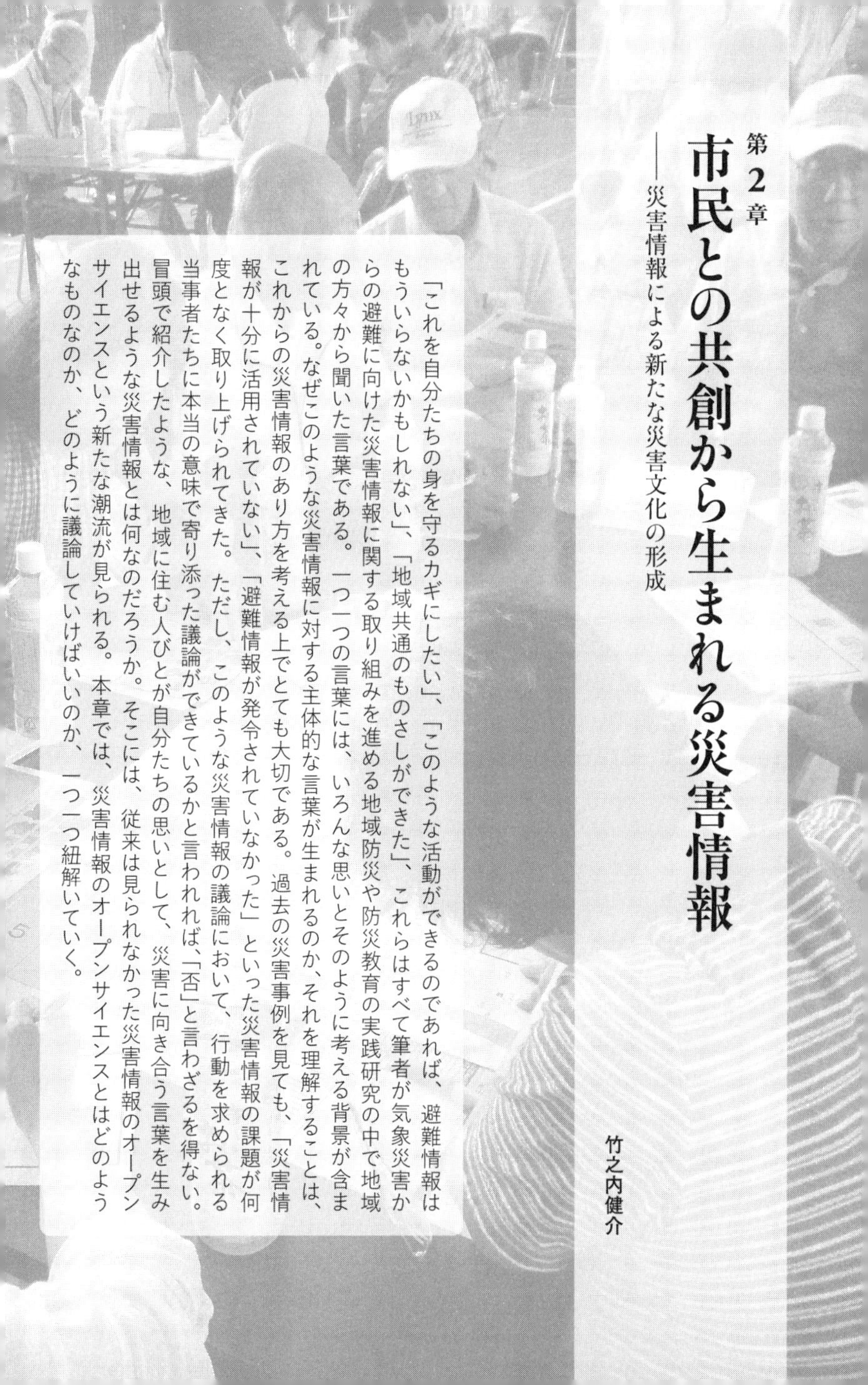

第2章 市民との共創から生まれる災害情報
——災害情報による新たな災害文化の形成

竹之内健介

「これを自分たちの身を守るカギにしたい」、「このような活動ができるのであれば、避難情報はもういらないかもしれない」、「地域共通のものさしができた」、これらはすべて筆者が気象災害からの避難に向けた災害情報に関する取り組みを進める地域防災や防災教育の実践研究の中で地域の方々から聞いた言葉である。一つ一つの言葉には、いろんな思いとそのように考える背景が含まれている。なぜこのような災害情報に対する主体的な言葉が生まれるのか、それを理解することは、これからの災害情報のあり方を考える上でとても大切である。過去の災害事例を見ても、「災害情報が十分に活用されていない」、「避難情報が発令されていなかった」といった災害情報の課題が何度となく取り上げられてきた。ただし、このような災害情報の議論において、行動を求められる当事者たちに本当の意味で寄り添った議論ができているかと言われれば、「否」と言わざるを得ない。冒頭で紹介したような、地域に住む人びとが自分たちの思いとして、災害に向き合う言葉を生み出せるような災害情報とは何なのだろうか。そこには、従来は見られなかった災害情報のオープンサイエンスという新たな潮流が見られる。本章では、災害情報のオープンサイエンスとはどのようなものなのか、どのように議論していけばいいのか、一つ一つ紐解いていく。

私たちにとっての災害情報とは

近年、災害情報については、非常に多くの改善を目的とした「改変が行われてきた」。ここで、素直に「改善が行われてきた」と示さないのには理由がある。これまで行われてきた災害情報に関するさまざまな改変の結果、私たちは現在、非常に便利で有益な災害情報を簡単に得ることができる社会を生きている。しかしながら、その一方で本当に「自身の命を守るために」十分にそれらの災害情報を活用する意思を私たちが持てているかというと疑問が残るのである。それは、近年の水害事例を見れば一目瞭然である。たとえば、令和元年東日本台風では、猛烈な勢力に発達した台風が関東から東北にかけて進むことが数日前から高い確実性を持って予測され、専門機関も緊急記者会見を何度も開くなど、事前に危険を社会で共有する努力が図られ、危険を呼びかける多数の災害情報もメディアを通して伝達された。しかし、結果的に死者・行方不明者一〇二名という近年においては大きな人的被害が発生している（竹之内 2022）。適切に情報が運用されている場合においても被害が発生する事例は、他の災害でも同様に確認される。

災害情報の充実や改善は、社会に有益なのは事実であろう。第3章でも触れるように、一般市民や企業などをはじめ社会にはさまざまな災害情報の利用者が存在し、そのニーズは多様である。しかし、そのような中で、災害情報の目的を「人の命を守る」という点に置いたとき、情報の改変だけでは十分とはいえない。そのような目的のためには、もちろん近年進められてきた行政や専門機関からの災害情報に基づく自助を重視した避難の議論も重要と考えるが、本章では、あえて別の視点に立って話を進めようと思う。それは本章のタイトルからも示される「災害情報に対する共創によるアプローチ

（災害情報のオープンサイエンス）」である。災害情報も近年は専門化が進んでおり、災害伝承といったローカルナレッジではなく、自然科学に基づく災害リスク評価が情報形成の根幹となっている。その中で、観測データや予測データなど、災害情報に関係するさまざまなデータがオープンになってきた。つまり災害情報におけるオープンサイエンスは、伝達網の整備を含め、現状として、データへのオープンアクセスが主となって進められてきた面が大きい。そのような中で、行政や専門家とともに、災害情報に関する情報を住民の手で作成するなど、市民科学の考え方に基づいた災害情報に対する直接的なアプローチも議論されるようになってきている。

本章では、オープンサイエンスを通じて市民科学の概念を災害情報に導入した場合にどのような議論が可能なのか、そのようなアプローチが生み出す正の側面と負の側面を事例を通して整理し、社会における災害情報に対するオープンサイエンスのアプローチの議論を一歩前進させることを試みたい。なお、本章では、主に気象災害を対象に、議論の対象を地域や住民として進める。

1　災害情報の現在とオープンサイエンスの潮流

災害情報のオープンサイエンスの議論を進める前に、まず災害情報の現状を少し確認してみよう。表1に、代表的な災害情報である防災気象情報や避難情報に関するここ最近の改変状況を示す。表1から、非常に多くの情報の追加や変更が行われていることがわかるが、このような動きは、情報のIT化が急速に進み、安全志向が高まった近年に特徴的なものであり、それ以前からこのような頻度で変更が行われてきたわけではない。防災気象情報に関していえば、気象庁が初めて警報を発表したのは、一八八三年五月二六日の暴風警報であった（気象庁 2022）。その後、暴風だけでなく、大雨など、他の現象への警報や注意報の拡充が行われ、対象範囲も二次細区分（都道府県を気象特性に応じて数個に分けたもの）、そして市区町村毎へと変化を遂げてきた。またその基準も単純な雨量（○○時間雨量）から指数（表面雨量指数、流域雨量指数、土壌雨量指数）へと精度の向上が図られてきた。これらは、気象業務法において、気象庁の責務として進められてきたものである（気象業務法第十三条）。また、気象観測や気象予測の技術が急速に発展する中で、警報や注意報を補完する情報も続々と開発されてきた（記録的短時間大雨情報や土砂災害警戒情報、顕著な大雨に関する気象情報など）。これらの情報は、主に過去の災害で確認された課題を踏まえながら、予測技術の向上とともに誕生し、社会における活用が図られてきたといえる。

表1　近年の災害情報の改変状況

- 2005年　避難準備情報
- 2007年　河川水位のレベル化
- 2010年　市町村警報
- 2013年　特別警報
- 2013年　土砂災害警戒判定メッシュ情報
- 2015年　想定最大規模の浸水想定（L2）
- 2016年　危険度を色分けした時系列気象情報
- 2016年　家屋倒壊等氾濫想定区域・浸水継続時間
- 2017年　洪水・浸水危険度分布
- 2017年　大雨特別警報の細分化
- 2019年　警戒レベル
- 2019年　土砂災害危険度分布の高解像度化
- 2021年　避難勧告と避難指示の一本化
- 2021年　顕著な大雨に関する情報（線状降水帯）

その一方で、別の視点からの議論も見られるようになってきた。それが本章の主な議論対象である災害情報への市民参加などを含めたオープンサイエンスの議論である。従来、災害情報については、シングルボイス（情報の発信源を一つに限定すること）が原則であり、責任機関に閉じた形での議論が主流であった。一方で、兵庫県南あわじ市や三重県紀宝町などでは、住民や消防団などにタブレット端末を提供し、大雨などの際に地域の状況などを提供してもらうことで避難情報をサポートしてもらう事例も見られる。このように、行政以外の多様な主体が避難情報に関与するという意識構造の変化が図られる事例もあり、災害情報に専門機関以外の者も関与する機会を創出する試みが近年見られるようになってきている。予測自体が難しいようなローカルな災害現象である竜巻に対しては、気象庁も限定的ながらも一般からの通報を活用する仕組みを竜巻注意情報の中で既に導入している（目撃情報通報制度）。このような流れは、特に災害が発生する現場（以下、現場）に近い環境下で見られ、シングルボイスを補完する形で取り組まれていることが多い。実際に、現場では地域における状況変化への気づきが、地域での避難の呼びかけや避難行動の意思決定に寄与している事例が多数見られ、このような現場の情報を避難に役立てることは当事者にとって効果的といえる。

このような議論は、従来の責任機関が中心となって情報を議論し、利用者への活用を推進しようとするアプローチとは一線を画している。上記の例は、情報を介して関係者の連携を図るなど、社会の関係性の変化を促すアプローチといえるだろう。では、このようなアプローチはどのような意味をもつのか。次節では災害情報のオープンサイエンスを議論する上で重要な視点を整理していこうと思う。

2　社会における議論の必要性

災害情報のオープンサイエンスに関する議論を整理する上で、まず従来の災害情報の改変と災害情報のオープンサイエンスのアプローチがどのような関係にあるのかを確認する。ここでは、充足関係、補完関係、独立関係の三つの代表的な関係性を取り上げる。

関係①充足関係

従来の災害情報は、自然科学に基づく災害リスク評価が情報形成の根幹となっている。このような体系を前提とした場合、市民参加としては、観測データの地点数の拡充とそれに対する協力といった情報量を増やす形で、参加する枠組みが考えられる。これを充足関係という。日本では明確に行政や専門機関と連携したこのような取り組みはあまりなく、後述の補完関係の場合が多いが、海外では、住民が実際に公的な機関の枠組みの中に参加して災害情報に関与している事例も見られる（台湾における土砂災害防災専員など（李ほか 2023））。

関係②補完関係

上述の兵庫県南あわじ市や三重県紀宝町の事例のように、観測そのものではなく、地域の情報を行政に提供する形で、既存の災害情報を補完しようという取り組みもある。このようなアプローチにおいては、街中の水路や川の様子、山の異変などのように質的な災害情報を共有する事例が見られる。また、身近な水路の流量など、地域で重要と考える量的な情報を観測し、共有するような場合も含まれる。

関係③独立関係

取り組み内容は、補完関係と変わらないが、既存の災害情報における公助の仕組みの一環の中で行政と連携して取り組まれる事例でなく、自助や共助として地域の自主的なものとして取り組まれている事例もある。既存の災害情報の枠組みには依存しないものであり、あくまでそれぞれの責任の下で取り組まれるものとして位置づけられるため、その位置づけや有効性については課題も見られる。

このように、少なくとも災害情報のオープンサイエンスにおける表面的な目的は、既存の災害情報に不足している情報の充足や異なる視点からの補完にあり、その結果として、市民が災害情報への参加を通して自身との関係が強化され、災害情報そのものへの意識変化がもたらされていると捉えるのが自然である。

では、これらのアプローチを既存の災害情報との関係に加え、さらに科学や社会など多面的な視点からもう少し整理してみよう。ここでは、社会・制度、管理・連携、内容・目的、技術・手法の視点（以下、評価視点）から災害情報のオープンサイエンスの流れにおいて重要となる項目やその課題について確認する。図1にその概要をあらかじめ示す。

図1　災害情報のオープンサイエンスにおける四つの評価視点

評価視点①社会・制度

災害情報のオープンサイエンスについては、社会や制度の視点から見た際に、合意形成や責任という点で課題を抱えている。たとえば、現在の避難情報の発令は災害対策基本法により、原則的に地方自治体の長が行うこととなっている。避難情報の基準などの運用方法については、「避難情報に関するガイドライン」において基本的な考え方が示されているが、地域に応じた柔軟な対応が可能である。一方で、実際に避難情報を行政と住民で共同構築するようなオープンサイエンスを考えた場合、責任分担をどうするのかは議論が必要である。そのため、当然、法的な位置づけの再考も必要となってくる。つまり明確な社会的位置づけが十分でない場合、現場で命を守るための判断と社会システムとのバランスが求められる。理想的には、事前の合意形成が取られ、責任が明確となった状態での対応が好ましいのかもしれないが、災害が切迫している現場では、そのようにいかない状況も見られる。

たとえば、線状降水帯やゲリラ豪雨のような予測が難しく、突然発生するような気象現象の場合、行政の対応が追い付かない場合も過去に見られる。もしくはそもそも情報が届かないような状況が発生した場合、現場では既存のシステムが機能不全に陥る可能性がある。このような現場での判断が求められ、自身の命に関わる状況下では、その際に取得できる情報が重要となる。また既存のシステムが機能している場合であっても、避難が必要な人が避難しようとしない中、災害リスクが高まった場合、既存の枠組みによる情報伝達でなく、個々に寄り添った対応やそのために必要な情報が求められることもある。このように、災害情報のオープンサイエンスは、現場で求められるものではあるが、社会・制度上の議論は十分でなく、その妥当性についても不明確な状況が発生しうる。現状として、このような現場で利用される災害情報の適否の判断は、結果論にならざるを得ない面もあるのが事実である。

評価視点②管理・連携

当然ながら災害は一度きりのものでなく、再度発生することも想定される。そのため、災害情報は長期的な安定運用が求められる（実際には上述のとおり改変が繰り返されているが）。では、災害情報のオープンサイエンスにおける管理や連携の体制はどのようになされていくべきなのだろうか。この点についても、十分な議論がなされているわけではない。特に少子高齢化、コミュニティの希薄化が進む現在の日本社会において、そのような仕組み自体を維持することが難しいことも考えられる。少なくとも既存の手法については、トライ&エラーをある程度繰り返すようなアジャイル型に近い議論も必要となる。実際のところ、維持管理などの議論がなされない状態のものが大半を占めている印象を筆者は持っている。そもそもボランティア的に自主的に取り組まれているようなタイプの取り組みについては、防災を仕事とする場合の仕組みとは異なり、枠組みを当てはめること自体が継続に悪影響することも考えられる（住民主体を考え方の中心にもつ地区防災計画における議論も、状況によってはそのようにもなりうる）。長期にわたって維持管理され地域の文化として定着しうるような取り組みは、強制されるものでなく、住民たちの自主的な継続により形成されるものでもある。このような中で、災害情報のオープンサイエンスをどのように運用していき、関係者と連携していくのかという点は重要な議論の対象となる。

評価視点③内容・目的

三つ目はオープンサイエンスを通して形成される災害情報や取り組みそのものに対する議論である。当然ながら、災害に関連する情報としては、非常に慎重な取り扱いがなされるべきという考え方がある。そのため、情報の精度や評価のプロセスがどのようになされるかという点は重要となる。地域によっては、過去の主観的な体験だけに基づいて、取り組みが行われている事例もあり、その妥当性などが十分に評価されていない場合も見られる。基本的な考え方としては、独自の災害情報のみを活用するのでなく、補完型のように既存システムとの連携が好ましいとも考えられるが、社会・制度で取り上げた災害時の状況のように、それに捕らわれることのデメリットも存在する。いずれにせよ、災害情報のオープンサイエンスにおいて、情報に対する精度検証や評価がどのようになされているのか、その実施が難しいのであれば、それをどのような目的に利用し、どのような注意点があるのか、現場判断だけに任せず、社会全体で議論すべきである。よく「先人の経験が役に立った」などという言葉も聞かれるが、あくまで結果論であり、そのような情報は役に立つ一方で、慎重な取り扱いが併せてなされるべきものでもある。気候変動の時代においては、これまでの考え方が通用しない場合も出てくるだろう。

視点④技術・手法

オープンサイエンスには、その実施のための技術や手法に定まったものはなく、参加者に応じて決められる場合も多い。第3章以降の事例からもオープンサイエンスの技術は、議論・発展の最中にあり、まだまだ発展途中であることがおわかりいただけるはずである。災害情報のオープンサイエンスにおいても状況は同じである。取り組みの中で、内容・目的なども含め、技術・手法上のさまざまな課題が生じうる。たとえば、よくあるものとして、参加者が限定的であるような場合が見られる。全住民が参加すべきなのか、それとも一部の住民でよいのか、一部の住民であれば、それはそもそも災害情報のオープンサイエンスといえるのだろうか。そのような議論の中で、目的に対し、どのような仕組みで災害情報のオープンサイエンスを進めるのかという技術・手法的な議論も重要となる。現状としては、関係者がそれぞれの状況で実施可能な手法を主観的に選択している場合も多い。

ここまで、災害情報のオープンサイエンスには多くの評価視点があり、課題も多いということが理解いただけたのではないだろうか。それでも、現場ではこのような議論に肯定的な意見が見られる。それは、既存のシステムだけでは十分に機能しない現場の実情が存在するからであろう。であるからこそ、このような評価視点からの整理と議論が求められる。次節では、実際の取り組み事例を確認しながら、これらの視点に対して、具体的に理解を深めていこうと思う。

3　事例を通した災害情報のオープンサイエンスの光と影

実際に公的機関と連携しながら、災害情報そのものに住民がアプローチしている事例が存在する。

これらの事例を通して、社会・制度、管理・連携、内容・目的、技術・手法の各視点に関する議論を具体的に確認し、災害情報のオープンサイエンスの利点や効果といったプラスの側面（光）と課題などのマイナスの側面（影）を議論していこう。ここでは、筆者も関わっている三つの地区の事例を取り上げる。一つ目は、兵庫県宝塚市川面地区（防災スイッチ）、二つ目は高知県四万十町大正地区（IoT－COS）、三つ目は三重県伊勢市中島学区（地域気象情報）である。カッコ内の言葉は後で補足するが、それぞれの地域における災害情報のオープンサイエンスの取り組みを象徴するキーワードとなっている。

事例①兵庫県宝塚市川面地区（防災スイッチ）

兵庫県宝塚市川面地区（以下、川面地区）は、JR宝塚駅周辺に位置し、市内の中でも中心市街地に位置している。地区内には二級河川の武庫川を始め、中小河川の大堀川、荒神川、一後川が流れている。さらに、兵庫県はため池の数が全国一であり、川面地区にも下の池や広沢池など複数のため池が存在しており、ローカルなリスクも多数存在している。

川面地区の自主防災組織である川面地区自主防災会では、二〇一八年から「防災スイッチ」の取り組みを実施している。防災スイッチは、災害の前兆現象や過去の経験などの地域の独自情報と防災気象情報などの災害情報を連携させながら、住民が日常モードから災害モードへ地域の災害対応を切り替えるきっかけを、地域社会で構築するものである。災害時における行動の判断基準を地域社会で形成することを促進するとともに、地域と各種災害情報の関係を明確にし、災害情報の適切な活用を図るものである（竹之内ほか2020）。川面地区では、防災スイッチとして、上記の各河川について対応行動の目安となる基準を設け、情報共有を図っている。たとえば、大堀川では、行政や専門家とも相談し、水位が三分の二を超えた場合を対応行動の基準として設定している。実際の大雨時には、防災スイッチの該当箇所を担当者となっている近隣の住民が安全な場所から写真を撮り、携帯アプリで情報共有している。さらに地域に関係する災害情報を閲覧できるポータルサイトを用意し、大雨時は状況把握に努めている。行政もこのような活動を支援する形で、住民が確認するための水位確認板を該当箇所に設置したりしている（図2）。

図2　防災スイッチの取り組み（兵庫県宝塚市川面地区）

　このように川面地区では、行政では把握や対応が難しいものも含め地域の水害リスクを住民自身で同定し、住民自らが観測を自主的に実施するとともに、行政がそれを支援している。オープンサイエンスにおいて、ローカルナレッジをどのように活用するかは非常に難しい問題である。ただし、川面地区ではローカルナレッジを既存のサイエンスに基づいた災害情報とも関連づけて活用することで、相互補完する関係を持っている。基本的に地域を自ら守る意識を基にした取り組みであるが、既存の災害情報では網羅できないような災害リスクをローカルナレッジで補完することで、地域にとって有益な災害情報を創出する試みといえる。

川面地区における取り組みのプラスの側面とマイナスの側面を、各評価視点から整理してみる。まずプラスの側面として、地域におけるリスクの再認識（内容・目的）、リスクに対する管理意識の醸成（管理・連携）、リスク対処手法の確立（技術・手法）が挙げられる。災害情報のオープンサイエンスを通して、地域のリスクの見直しやリスク対処への意識向上やその方法の確立につながっている。一方、マイナスの側面として、避難に対する責任の所在（社会・制度）、より詳細なリスク評価の要求（内容・目的）など、行政や専門家の支援はあるものの自主的な住民による活動であるからこそ生じうる課題が確認される。

事例②高知県四万十町大正地区（ＩｏＴ－ＣＯＳ）

高知県四万十町大正地区（以下、大正地区）は、四国の南西の中山間地に位置し、周囲を山に囲まれ、また地区を四万十川が流れている。地区のほとんどが土砂災害警戒区域もしくは土砂災害特別警戒区域に指定されているが、近年顕著な災害がないことから、住民の避難意識が高いとはいえない。大正地区でも、上述の川面地区同様、避難のタイミングを検討する取り組みが二〇一九年から行われてきた（Takenouchi 2020）。

川面地区と大正地区で異なるのは、対象とする主な災害が河川はん濫と土砂災害で異なる点である。土砂災害については、河川はん濫と異なり、視覚的な判断が難しく、前兆現象が確認されてからでは遅い場合もある。そのため、大正地区の自主防災組織では、地域で山からの谷水の状況を整理し、谷水が入り込む地区内の水路の状況確認などを行っている。さらに、河川同様、客観性の高い数的な情

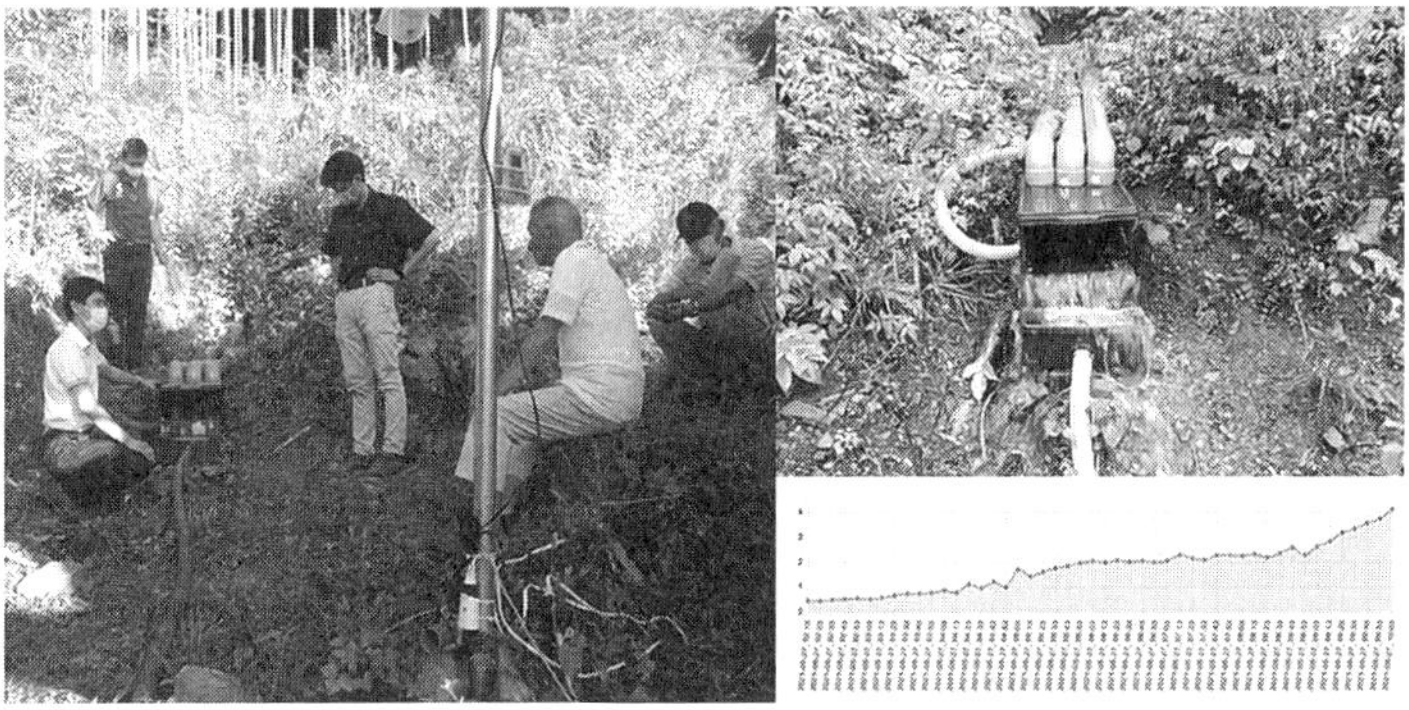

図3　大正地区における湧水量観測の取り組み

報を得るために、専門家と相談の上、地区内の山からの湧水量の観測を二〇二一年五月から開始した（図3）。湧水は、斜面全体からの水の集積結果であるため、その湧水量の変化から山の内部の状況把握を進めようというものである。このように大正地区では、住民も参加する形でのＩｏＴ－ＣＯＳ（IoT-Community Observation System：ＩｏＴ技術を活用した地域参加型の観測体制とそのために必要なシステムと技術）の構築を図っている。この取り組みでは、関係者が議論を行い、土砂災害リスクの観測を開始するとともに、関係者でその維持管理の方法を議論している。あわせて、住民の間では、これらの情報を踏まえた隣近所での声掛け避難の推進を図っている。

　このように、大正地区では、質と量の両面から、土砂災害リスクに対して、住民参加のオープンサイエンスを進めている。湧水量の観測については、自然科学ベースドであるため、上述の川面地区の取り組みと比較すると、参加のハードルは高いが、行政や専門家の協力の下、実施されている。基本的には関係者の関係は変化させず、既存の責任の下で災害情報に対するオープンサイエンスとしての関わり方を議論しているといえる。

では、大正地区における取り組みのプラスの側面とマイナスの側面を、各評価視点から整理してみよう。まずプラスの側面として、身近なローカルリスクの把握（内容・目的）、地域における対応行動の促進（内容・目的）、利用者のコンテキストに基づく観測システムの構築手法の議論の促進（技術・手法）が挙げられる。つまり、個々の山の状況に表されるように、個々のローカルな災害情報をその関係者の感覚に合わせて構築できるという点がプラスに作用する可能性が考えられる。一方、マイナスの側面として、責任主体や体制の未変化（社会・制度）、観測装置に対する参加意識の経年低下（管理・連携）、専門的なリスク評価の必要性（技術・手法）が挙げられる。大正地区の取り組みでは、行政や住民などのステークホルダーの関係性は変化しておらず、それぞれがそれぞれの立場と責任で共同参画している。それは既存の災害情報システムとは大きく異なるものの、オープンサイエンスにおける共創という観点では、十分とはいえないかもしれない。これは課題でもある一方、取り組みやリスク評価が一般住民では難しいものであるため、現実的な対処ともいえる。

事例③三重県伊勢市中島学区（地域気象情報）

三重県伊勢市中島学区（以下、中島学区）は、市内の中心から少し西に位置し、住宅街が多く、川面地区同様、中心市街地の一部を構成している。地区の西側には一級河川の宮川が流れ洪水のリスクがあるとともに、南側には三郷山が存在しその周辺部では土砂災害のリスクがある地域となっている。

中島学区全体で構成されている中島学区まちづくり協議会では、二〇一四年から「地域気象情報」の取り組みを実施している（竹之内ほか 2015）。近年、災害情報が多様化してきていることは本章の

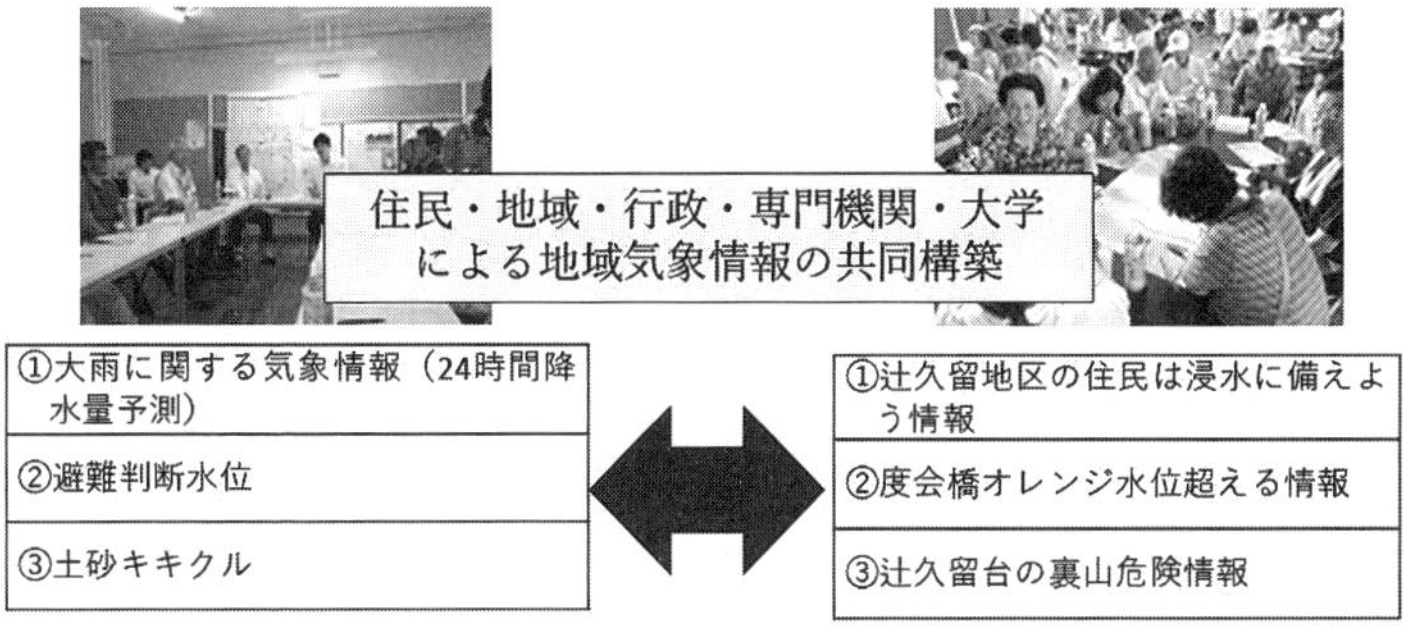

図4　中島学区における地域気象情報の取り組み

冒頭で触れたとおりである。そのような中で、地域気象情報は、既存の災害情報のうち、中島学区に特に関係するものを市・気象台・住民の三者で議論を行い抽出し、実際に地域の災害を考える上で重要な情報を整理し、それを自分たちの言葉で置き換えて利用しようとする取り組みである。たとえば、宮川の増水により内水氾濫が生じる場所については、川の樋門が閉まる水位を目安として、その水位に該当した場合、「辻久留地区の住民は浸水に備えよう情報」を地域で共有している。

このように、中島学区の取り組みは、新たな情報を作成するものではなく、住民も参加する形で、関係者が合同で地域に重要な災害情報を整理し、地域の災害リスクを表現する身近な情報を創出している点に特徴がある。遠い昔、自然科学の専門知をもつ専門家が登場するまでは、災害情報は災害伝承のようにローカルナレッジに基づき形成されていた。住民自身で議論し災害に備えていた風習（災害文化）を、地域気象情報は現代版として再構築している。しかし、中島学区は中心市街地に位置する特徴からも参加者の変化が激しい。実際に、一つの取り組みを維持しながら継続するのが難しい中で、できるだけ住民の変化に左右されない手法を採用している点も特徴である。

中島地区における取り組みのプラスの側面とマイナスの側面を、各評価視点から整理してみる。まずプラスの側面として、既存の災害情報のローカル化（社会・制度）、地域のリスクと災害情報の関係整理（内容・目的）が挙げられる。既存の災害情報を最大限利用していることから社会・制度の点から受け入れやすく、取り組みやすい点がプラスの要素として挙げられる。一方、マイナスの側面として、既存の社会制度を越えられない（社会・制度）、コミュニティ体制の頻繁な変化による活動停滞の可能性（管理・連携）、限定的な参加と活用（技術・手法）が挙げられる。取り組みとしては、既存の社会制度の枠内のため取り組みやすいが、災害情報のオープンサイエンスとしては、災害情報そのものに何か強く関わりをもつものではないため、その点が情報への意識変化として大きく作用しない可能性が考えられる。

これらの事例以外にも、災害情報のオープンサイエンスを議論している地区は多数ある。京都府福知山市におけるローカルエリアリスク情報の取り組み（竹之内ほか 2021）もその一つであり、関心のある人は確認いただきたい。いずれの取り組みについても、行政と地域が連携しながら、災害情報のあり方を根本から問いなおそうとしている点が共通しており、閉じたサイエンスの社会であった災害情報に対し、開かれたオープンな災害情報に自らも関与し、構築しようとする考え方がそこには存在している。

4　災害情報のオープンサイエンスの展望

本章では、災害情報のオープンサイエンスについて、具体的な事例も踏まえながら、その現状や課題を整理してきた。改めて、取り上げた四つの評価視点について、今後どのような議論が必要か、少し整理したい。

まず社会・制度の視点は、災害情報のオープンサイエンスを社会の仕組みとして明確に位置づけていく上では必要不可欠である。その中で、中島学区のように既存の制度に寄り添うのか、大正地区のように比較的独自の情報として体系づけていくのか、両者のバランスを取るのか、既存の災害情報に関する制度とオープンサイエンスの議論の親和性も含め議論が必要である。そもそも既存の災害情報自体も多くの改変がなされ、社会における位置づけも大きく変化してきたのも事実であり、オープンサイエンスに基づく災害情報が制度化された場合にも、それ自体変化していくものと捉えるのが自然である。ただし、その過程に市民参加が担保されることが、ここ数十年の災害情報の改変と大きく異なる点として挙げられる。

管理・連携の視点としては、オープンサイエンスの枠組みを社会システムとして構築しようとした場合、長期的な運用を視野に入れる必要がある。一般的にオープンサイエンスの議論では、構築されたサイエンスデータを長期的に参加者が運用するような事例は多くはない。川面地区のような住民主体の取り組みも、数年もしくは数十年先には継続が難しくなる可能性も十分ある。実際、川面地区の取り組みが活発に維持されている背景には、だんじり祭りという昔から継続されてきた地域の組織とつながっている点が自主防災会の関係者からも指摘されている。筆者自身、二〇一七年に発生した九州北部豪雨の被災地における継続調査（竹之内 2019）を通じ、地域社会の変化が直接的に地域の取り組みに影響することを実感してきた。このような取り組みを継続することの困難さを考慮した場合、制度とうまく連携することと、取り組みの開始時点でそのような点を考慮しておく必要性があるといえる。またオープンサイエンスの考え方に基づいて構築された災害情報が長期的に運用された場合、それが科学的かつ社会的にどのような意味をもつのか議論することも重要である。

内容・目的については、情報の精度を課題として取り上げた。一方で、市民科学に基づく災害情報の精度としては、川面地区や中島学区で議論しているように、地域情報と既存の災害情報の関係分析を市民参加の下で進めることにより、一定の担保が可能であることも確認されている。計算機やＩｏＴ技術の発展の恩恵により、現在の災害情報は非常にローカルな地域や個人に寄り添った議論が可能となってきている。このような流れの中で、災害情報のオープンサイエンスにおいては、外部の自然科学に基づくサイエンスと現場のローカルナレッジの接点を設け、市民科学としての妥当性の担保を構築していくことが求められる。

最後の技術・手法については、まずはそれぞれの取り組みを共通の評価軸で整理し、共有していくことが必要だろう。上記の三つの事例だけを取り上げても、その手法はかなり異なっている。その地域の住民が参加しようと思える手法、そして、十分に災害対応に寄与する手法が求められる。そのような点では、生活防災やフェーズフリー（日常時と非常時を区別しない考え方）などの考え方は、災害情報を参加者やコミュニティの関心事や日常と連携させるという点では、管理・連携も含めて有効である。三重県紀宝町鮒田地区では、地域の情報を住民間で共有しているが、併せて、散歩や料理、畑作業などと連携させた取り組みを実施している（田中ほか 2020）。この取り組みは災害情報のオープンサイエンスと直接関係するものではないが、非常に有益な示唆を与えてくれる。台風が来ると畑や田んぼを見に行って被災するという事例は、まさに災害が生活に深く関係して生じるものであることを示している。災害情報にもオープンサイエンスを通じて、このような視点を取り入れることは可能であろう。

これからの展開に向けて

では、今後、災害情報のオープンサイエンスの議論はどのように進んでいくだろうか。これまで見てきたように、災害情報の分野においても、ＩＴ技術の進展や災害リスクへの意識の高まりに加え、市民科学によるオープンサイエンスの議論は現場からの要請もあり、高まりを見せている。市民科学の議論は、科学技術社会論（ＳＴＳ）を中心に、これまでも行われてきており、コンセンサス会議などの手法なども開発されている。古屋ほか（2018）は、市民と研究者の関係から市民科学を四つの段階（レベル一：データ収集補助、レベル二：データ分類、レベル三：科学的な議論への参加、レベル四：共同研究）に分け、その発展を議論しているが、このような市民科学の取り組みも社会におけるオープンサイエンスの議論とともに、新たなあり方も示されつつある。近年の市民科学の取り組みは、ＩＴ技術の発展と密接に関係しており、その成果は科学情報の社会展開を促進し、結果としてオープンサイエンスにつながっている。それは、災害情報において、観測データ拡充への参加といった量的な要素へのアプローチで行われることもあれば（ウェザーニュースのウェザーリポート、台湾における土砂災害専門員における雨量観測、途上国における雨量観測の推進、満点地震計による観測など）、データ内容や利活用方法への参加といった質的な要素へのアプローチで行われることもある（地域気象情報、防災スイッチ、目撃情報通報制度など）。また量と質の両面が垣間見れるアプローチも多く、明確に区別されるものでもない。量的な観測網の構築やそのデータの公開は、あくまで自然科学を基本とした体系を進展させる。しかしながら、このようなデータの量的な向上だけでは、災害情報のオープンサイエンスが目指すべき目的を達するに十分とはいえない。災害情報が社会的に災害予防のために存在するのであれば、やはり現場における災害時の対応行動の改善を目指すような視点が重要であり、そのためにはやはり市民科学における質的なアプローチも重要であろう。そのためには、第1章で示したオープンサイエンスの共創のあり方を深めていくことが重要となる。

災害情報は、災害リスクへの関心の高まりもあり、社会的関心は非常に高く、仕組みをうまく構築すれば、社会における活用という点からもさまざまな展開が進む可能性がある。第6章における満点計画やJリーグを通じた地域コミュニティの基盤づくりとも共通し、災害情報のオープンサイエンスの議論は地域コミュニティの基盤づくりにつながることも考えられるはずであり、そのような視点がオープンサイエンスにおける共創の仕組みとしても重要である。ただし、その中で、災害への関心度の違いなどの課題も存在する。災害情報のオープンサイエンスを促進した場合、災害は人を選ばないため、関心が高く十分に理解した人には大きな利益をもたらしうるが、普段無関心で内容を十分に理解していない人に対しては意味を持たない、もしくは場合によっては混乱などのマイナスの効果をもたらす可能性がある。

では、そもそもオープンサイエンスは、何を目的に行われるべきなのか。市民にとっては、関心や興味といった個人的欲求を満たす場合もあれば、科学への貢献という崇高な意思の下、参加する場合もある。またその活動を行うこと自体が地域や個人の必要性に端を発している場合もある。一方で、研究者はデータへの要求・データ処理の効率化・市民科学による新たな発見など、研究の進展を図ることを主眼とする場合も多い。さらに、そのような目的の中でオープンサイエンスが災害情報にもたらす効果とは何であろうか。それ自体さまざまな議論が可能であり、その議論は、どのような情報をどのように誰にオープンにするのか、誰がどのようにオープンにサイエンスに関わる機会をもつのかなど、オープンサイエンスの構造とも深く関わってくる。目的や効果が明確であっても、オープンサイエンスの取り組みがすべてうまくいくとは限らない。参加者が取り組みづらいといった仕組みの課題もあれば、取り組みに対する社会的関心が薄い場合なども存在する。また取り組みが慣習や法律などで制限を受ける場合も存在する。災害情報のオープンサイエンスをどのように進めるべきか、実際の事例も踏まえながら、さまざまな視点から議論していくことが今後重要である。

文献

古屋美和・住本研一・林和弘 2018「シチズンサイエンスを超えた共創型研究の兆しと可能性——Japan Open Science Summit のシチズンサイエンスセッションと事前アンケートの報告」『STI Horizon』 4(3), 37-41.

気象庁 2022「気象庁の歴史」https://www.jma.go.jp/jma/kishou/intro/gyomu/index2.html（情報取得2023/09/25）

李勇昕・竹之内健介・巫仲明・許瓊文・矢守克也 2023「土砂災害に対する地域防災のステークホルダーの関係性について

——日本と台湾の比較を通じて」『自然災害科学』*41*(1), 53–65.

竹之内健介 2019「災害の発生が地域の災害対応にもたらす変化——平成29年九州北部豪雨1年後調査の結果を通じて」『災害情報』*17*(2), 135–146.

Takenouchi, K. 2020 Incorporating Public Participation into Landslide Risk Information and Response: Disaster Response Switch in the Taisho District of Shimanto-cho, Kochi, Japan. *Journal of Integrated Disaster Risk Management, 10*(1), 43–68.

竹之内健介 2022「令和元年東日本台風における住民の災害対応の特徴と時間変化に基づく行動分類」『自然災害科学』*41*(1), 5–22.

竹之内健介・中西千尋・矢守克也・澤田充延・竹内一男・藤原宏之 2015「地域気象情報の共同構築の試行——伊勢市中島学区における取組」『自然災害科学』*34*(3), 243–258.

竹之内健介・矢守克也・千葉龍一・松田哲裕・泉谷依那 2020「地域における防災スイッチの構築——宝塚市川面地区における実践を通じて」『災害情報』*18*(1), 47–57.

竹之内健介・高橋和利・矢守克也 2021「ローカルスイッチ形成における地域と行政の連携——京都府福知山市の事例を通じて」『土木学会論文集Ｆ６（安全問題)』*77*(2), I_44–I_52.

田中耕司・竹之内健介・向井凌平・西澤諒亮・玉木秀幸 2020「地域のタイムライン防災を軸とした生活防災の取り組みとその効果」『土木学会論文集Ｆ６（安全問題)』*76*(2), I_141–I_154.

第3章 社会と共創する気象ビジネス

——サイエンスによるカスタマイゼーション

本間基寛

民間気象事業者に所属する気象・防災技術者として、さまざまなタイプの「お客様」の気象や災害に関する「困りごと」に向き合ってきた。気象・災害の予測や分析は、非常に高度な技術を要するものであり、とりわけ大雨や大雪のような災害をもたらす気象現象を正確に予測することは容易ではない。異常な気象現象であればあるほど、予測の難易度は高くなるため、お客様の求める水準の気象情報の提供ができずにお叱りを受けることもある。しかし、私たちが提供した予測情報によってお客様が適切な対応行動を実施されて被害の回避につながり、「情報が役に立った」とのお言葉を頂いたときは技術者冥利に尽きるものである。ただし、このような「成功事例」は、専門的知見を有する技術者が一方的に気象情報を提供するだけで生まれない。お客様の「困りごと」を深く理解し、真に役立つためにはどのような情報を提供すべきなのかを深く考え抜き、お客様とよく会話することによって辿り着ける。この作業は、気象情報の利用者である「社会」と科学的専門性を有する「専門家」を結びつけることに他ならない。本章では、気象ビジネスを「オープンサイエンス」の視点から論じてみよう。

1　専門機関と情報利用者の間に位置する民間気象事業者の存在

企業での気象情報の活用

第2章では、災害情報とオープンサイエンスの関係性について議論した。災害情報、とりわけ防災気象情報に関していえば、災害の発生可能性を警告する情報は「シングルボイス」の原則の下、気象庁という国の専門機関から気象警報などが発表される。気象庁からの情報は、地域住民へ直接提供されることによって避難行動の判断に活用されるとともに、基礎自治体（市区町村）にも提供され、地域住民への避難情報の発表要否の判断にも活用されている。その上で、線状降水帯のように予測が難しく、突発的な気象現象が発生し、気象庁による防災気象情報だけでは適切な防災対応が不可能な状況下においては、地域の自主防災組織や地域住民自らが地域の状況を監視するとともに、それによって得られた情報を行政機関へフィードバックし、避難情報の迅速な発表につなげようという取り組みも行われている。これらの取り組みは、従来の防災気象情報と地域の情報（ローカル情報）が「補完関係」であることを示しており、専門機関・行政機関と地域住民・組織による防災対応は、災害情報のオープンサイエンス化の一例であるというのは、第2章で指摘したとおりである。

一方、防災気象情報を利用する人びとは、地域住民だけであるとは限らない。たとえば、災害発生の危険性がある地域に事業所などを構えていたり、各地にサプライチェーンを構築したりしている企業は、従業員の安全確保や資機材の保全活動、自社事業に関連する事業者の安全性確認など、さまざまな用途、目的で防災気象情報や災害情報を必要としている。そして、その情報を必要とするタイミングは、地域住民が避難行動のために情報を必要とするものとは全く異なる。たとえば、荷物を搬送する物流事業者は、大雨や大雪によって危険性が生じ得る輸送路が存在する場合は輸送の代替ルートや代替手段を決定する必要があり、その手配が必要となる。配送タイミングを変更するのであれば、その関連事業者や取引先との調整、確認が必要となる。このようなケースでは、地域住民が避難するような数時間前や半日前というタイミングでの予測情報では遅く、気象予測の精度が多少低下しようとも、数日前から一週間前というタイミングでの予測情報を活用した検討が必要となる。このように、情報の利用者や利用目的が異なれば、必要となる防災気象情報の内容やタイミングも異なることから、防災気象情報や災害情報の提供者である専門機関と情報利用者である社会（市民や企業）との間には、たゆまぬコミュニケーションが必要不可欠なのである。

利用者の「声」をもとに気象情報を開発

このようなコミュニケーションを進めていくにあたっては、前述のような専門機関（気象庁）と情報利用者（市民や企業）の二者だけの取り組みではなく、その間を取りもつようなステークホルダーが存在することもある。気象の分野においては、その存在として気象予報士や民間気象事業者があり、民間気象事業者は市民や企業（行政機関も含む）に対して多様な気象情報や対応支援情報を提供している。民間気象事業者は、気象庁の情報の時空間的解像度を精緻化しているだけではなく、情報利用者からの多様なニーズを受けた上で付加価値の高い情報を開発している。私は民間気象事業者に所属する技術者であるが、気象情報サービス利用者の数多くの「声」を参考にしながら、さまざまな気象

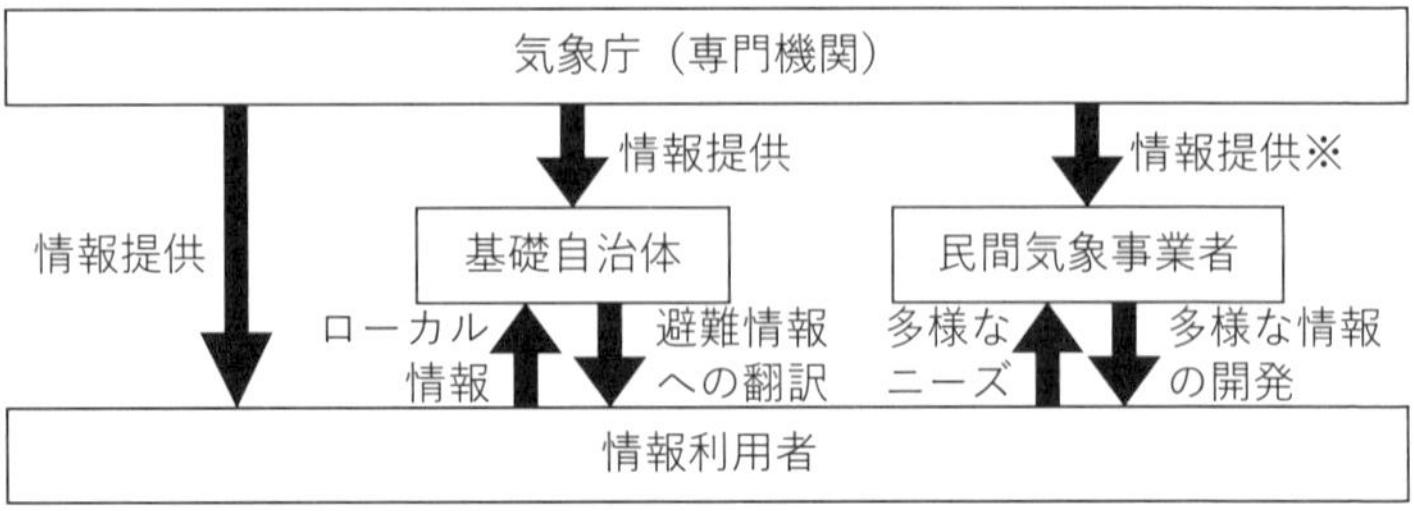

※民間気象事業者は気象庁以外の機関からも情報を得て、情報を開発している。

図１　気象情報の提供者と利用者との関係性

予測情報の開発に取り組んでいるところである（図1）。

本章では、気象予測情報の提供という形でビジネスを展開している民間気象事業者の視点から、気象予測や気象ビジネスの「オープンサイエンス的特徴」を整理するとともに、気象予測やそれに基づく各種予測といった科学的・専門的情報が社会の要請によってサービスとして提供され、社会と接点をもつことによりどのような相互作用が生じ得るのかについて、オープンサイエンスという切り口からの議論を試みる。

2　気象予測におけるオープンサイエンスとは

気象学と気象予測の関係

気象予測という「科学的行為」のオープンサイエンス的側面を議論するにあたり、気象予測の科学的根拠となる「気象学」について考えてみる。気象学そのものは、自然科学の一分野であり、大学では理学系学部の中の地学系学科に気象学の研究室や講座が所属することが多い。一方で、気象予測は、サイエンス（自然科学）の側面だけでなく、実学・エンジニアリングの側面も持ち合わせている。

実際、大学では先に述べたような理学系の学部だけでなく、工学系、農業系、環境系の学部学科に気象関連の研究室、講座が所属することもある。

日本の気象業務法において、「気象」とは「大気（電離層を除く。）における諸現象」と定義されている。このことから、気象学は大気の諸現象を研究する学問であるといえる。それに対して、気象予測（厳密にいうと「予報及び警報」）は同法において「気象業務」の一つとされている。気象予測というのは、気象学（またはその関連分野）での研究成果を活用し、気象業務の一環として気象現象（気温、降水量、降雪量、天気、日射量など）を精度よく予測する営みである。気象だけでなく、洪水氾濫（水象）、土砂災害（地象）といったハザード現象の予測についても同様で、基本的には「これらの自然現象の予測」に力点が置かれている。このように、これらの予測精度を高めること、適中率の向上を目指すことが気象予測の「使命」であった。

専門機関と社会との間にいる気象予報士

一八八四年六月一日に東京気象台（気象庁の前身、のちに中央気象台と改称）が日本で初めての気象予測（天気予報）を発表して以降、日本における気象予測は、気象庁という国の専門機関によって行われていた。国が気象予測を行うのは日本に限ったことではなかった。近代の欧米では、貿易における海路の安全確保や戦争における作戦実行の意思決定などを目的に、国家統治の観点から国の専門機関による気象予測が行われてきた。その後、日本では一九九三年の気象業務法の改正により、気象庁長官の許可を受けた気象予報士や民間気象事業者が独自の予報を行い、一般向けに提供することができるようになった。いわゆる「天気予報の自由化」である。

気象予測は技術的に高度な行為であるが故に、その情報を発信する機関は「専門機関」と位置づけられる。したがって、オープンサイエンスの議論では、気象予測の発信者である「専門機関」と受信者である「非専門家（市民や企業など）」がどのような関係性を構築するかが問われることになる。それでは、このオープンサイエンスの議論において、「気象予報士」は「専門家」「非専門家」のどちらに位置づけられるのか。気象予測のエンドユーザーである市民や企業からみると、気象予報士は「専門家」に該当するであろう。しかし、気象予報士と一言で言っても、その活動形態は千差万別である。民間気象事業者などの予報現場で実務として活動している人もいれば、民間気象事業者ではない一企業における個別の業務の一部として活用している人、直接的には業務には活用せず一市民として気象を見ている人など、さまざまである。

気象予報士は専門機関の「補完」的存在だった？

ここで、気象予報士制度の創設の経緯について簡単に振り返っておく。一九八〇～九〇年代の行政改革及び規制緩和の流れを受け、先述した一九九三年の気象業務法改正によって、「一般向け天気予報の規制緩和」と「気象予報士制度の創設」を中心とした「天気予報の自由化」が進められた（若林2021）。それ以前は、民間気象事業者は一般向けの独自の天気予報が認められておらず、気象庁が発表する予報の解説にとどまっていた。しかし、一九九三年の「天気予報の自由化」により、一般向けへの天気予報の許可とその予報の品質を担保するための気象予報士の資格制度が創設された。民間気象事業者による一般向け天気予報が許可されたが、この「天気予報の自由化」につながった気象審議会答申第一八号「社会の高度情報化に適合する気象サービスのあり方について」では、その後の気象庁の役割を以下のように示している（気象審議会 1992: 19）。

気象情報の提供という観点からは、気象庁は、国民の生命と財産の安全を守るための「防災気象情報」及び国民の公共の利便性を確保するためにナショナル・ミニマムとして提供する「一般向けの天気予報」の発表を自らの業務として担っている。

つまり、官民の役割分担という点では「一部の局地予報を民間気象事業者に開放したにすぎない」と捉えることもできる。また、一九九三年当時は、民間気象事業者が独自に気象予測を行うとしても、気象庁の数値予報モデルに基づく予測データであるＧＰＶ（格子点データ）をベースにした予報が中心となっていたことから、気象庁が発表する予報と著しく異なる予報は作成されない状況でもあった。したがって、民間気象事業者による独自の天気予報は開始されたものの、現実には気象庁の天気予報の「補完」にとどまっていた面もあった（若林 2021）。このような枠組みで考えるのであるならば、民間気象事業者やそこに所属して気象キャスターとして活躍している気象予報士は、（民間気象事業者による独自予報を利用する場合もあるが）基本的には気象庁（専門機関）からの情報の解説がメインであり、専門機関からの情報の「解説者」と位置づけることもできる。これは、オープンサイエンスの類型で言うならば、民間気象事業者は専門機関からの学術的知見・情報の単純な利用者ということではなく、それらの情報を一般向けに「解説」「翻訳」する立場として振る舞うことになる。

その一方で、近年は観測技術、計算機技術、情報通信技術の進展もあり、民間気象事業者が独自の観測データを保有したり、気象庁以外の海外の気象機関のＧＰＶデータを活用したりすることができるようになってきたため、気象庁が提供する予報との差別化やサービスコンテンツの独自開発が活発になってきている。その結果、民間気象事業者は気象庁予報の「解説者」という立場にとどまらず、自ら新しい学術的知見を利用しながら、最先端の気象予測技術の開発とビジネスでの実践的活用を両立させている。「はじめに」で示した「オープンサイエンスの循環図」で整理すると、民間気象事業者は学術分野の研究成果の「利用者」の立場として振る舞うことになるし、ビジネスとして社会（市民や企業）に情報提供するという点では科学者集団側（情報提供者）として振る舞うことになる。本章の以降では、オープンサイエンスにおける民間気象事業者の振る舞いは後者の「科学者集団側」だとして議論を展開する。

気象分野における専門家と非専門家の関係性

気象情報をめぐっては、非専門家である情報利用者（市民や企業）は、専門機関である気象庁の専門情報を受け取り、それをもとに行動を判断する。このとき、気象情報を提供する気象庁（専門機関）とそれを受け取る情報利用者（非専門家）の間は、「気象情報のＧＩＶＥとＧＩＶＥＮの関係」、つまり、専門機関は気象情報を一方的に「ＧＩＶＥ」するだけの立場と考えてよいのだろうか。

ここで、地域住民に対して避難情報を発表する基礎自治体について考えてみる。基礎自治体は、専門機関である気象庁から防災気象情報を受け取り、避難情報の発表の要否などを判断する。基礎自治体は対地域住民に関しては避難情報を発表する「専門的立場」となるが、対気象庁に関しては防災気象情報の「利用者」という立場になる。避難情報の発表は気象条件だけではなく、地域の状況に応じて行われるべきであることから、防災気象情報を提供する専門機関（気象庁）はあくまで「リスク評価」までとし、そこから先の「リスク対応」は基礎自治体が担うべきである、というリスクマネジメント論の考え方である。この枠組みでいえば、防災気象情報を提供する専門機関は、気象などの現象に関する情報を提供するまでが役割であり、その結果として何が起きるのか、何に留意すべきかといったところまでの助言は行うものの、「何をすべきか」の判断は防災気象情報の利用者である基礎自治体に委ねられ、専門機関側の責任の範疇ではない。

しかしながら、第2章で述べたように、近年は豪雨などの激甚化も相まって防災気象情報は複雑化する傾向にあり、避難情報の発表などの防災対応を基礎自治体など情報利用者に一方的に委ねるのは難しい状況となっている。とりわけ、気象予測をもとにした避難行動や防災対応行動をとるとなると、これらの対応が必要となるような状況下では雨量の予測精度が十分でないことも多い。したがって、気象予測の不確実性も考慮に入れた判断が必要となってくることから、情報を利用する側も提示された気象予測をそのまま鵜呑みにするのではなく、より高度な知識や判断能力が要求される。

情報を提供する側である専門機関も、情報利用者が必ずしも高度な知識を有していない可能性があることを前提に、ある種の「バイアス」をかけた予測情報を提供することがある。たとえば防災対応に資するための情報提供を行うに際して、大雨となる可能性がある場合には、当初の予測以上に大雨となって予期せぬ被害が発生してしまう「見逃し」を避け、結果的に大雨や被害が発生しない「空振り」となることを許容して「安全側」に寄せた予測情報を提供することが多い。ただし、この「寄せ方」は、情報利用者の「空振り許容度」に依存するのであって、情報提供者である専門機関が一方的に決めるものではない。情報利用者とのコミュニケーションを通じて「調整」していくものである。気象庁が行った「自治体向けアンケート調査」でも、三割の市町村が「発表頻度が多すぎる」「発表されても災害が発生しないことが多い」ことを理由に、「大雨警報等の警戒レベル3相当情報の基準値を高くしてほしい」と回答している（気象庁 2022）。こういった利用者の「声」に応じて警報などの基準値も適宜見直していくことが必要である。このことからも、気象予測や防災気象情報の「提供者」と「利用者」という従来の構図から脱却し、さまざまな関係者が主体的に防災上の課題に関与し、新しい知識を生産することで解決策が生まれるとともに、それらの知識が評価されることでさらに新しい課題が再定義される循環となる「オープンサイエンス」の考え方を取り入れることの必要性がわかる。

3　情報利用者と共創する気象情報

情報利用者との認識の共有

先述のように、気象情報の提供は、気象庁の専権事項ではなく、民間気象事業者を含め多種多様なステークホルダーによって行われている。気象業務法では、民間気象事業者が気象などの予報業務を行うためには、気象庁長官の許可が必要としている。この予報業務許可では、予報業務の提供先は「契約に基づく個人、契約に基づく法人及び不特定多数の者」とされている。

「不特定多数」とは、民間気象事業者がテレビやホームページ、アプリなどで提供先を特定せずに一般個人向けに気象予測情報を提供する場合である。不特定多数に向けた予報業務では、台風に関しては気象庁の台風情報の範囲内での解説にとどめ、独自の予報などを提供することはできない。一方で、「契約に基づく個人または法人」には、予報業務許可事業者と利用者が契約を結び、その契約した特定の利用者に限って提供する予報であり、独自の台風予報を発表できるなど、より高度で詳細な情報を提供することができる。有料アプリを通じて個人向けに予報を提供しているケースは「契約に基づく個人」に該当する。企業や行政と有償契約を締結して予報を提供するケースは「契約に基づく法人」であり、多種多様な気象情報や防災情報だけでなく、気象変化によって変動するような電力需要、商品需要などの予測情報も提供している。

これらの法人向けの情報提供では、気象災害時のリスク回避や猛暑時の商品売上増加などの便益獲得につながることを目的として気象情報が利用される。一般個人向けに比べて、企業向けでは情報利用の目的が比較的明確となっていることが多い。民間気象事業者が企業向けに気象情報を提供する場合、その情報を提供することによって利用者はどのような対応行動をとるのか、または利用者が対応行動をとるためにどのような情報を求めているのかを把握し、提供者と利用者の間で十分な合意形成を図った上で情報提供することを目指している。企業向けにはまさに「契約に基づいて」情報提供を行っており、基本的には対価を得ながらのサービス提供である。情報の受け手である企業が情報活用の価値を認め、内容を理解し、企業活動において適切に情報を活用することができると納得してはじめて、情報提供の関係が成り立つのである。

では、国の専門機関である気象庁が一般向けに広く防災気象情報を提供するにあたり、利用者である社会（市民や企業）との間で十分な合意や認識の共有がなされているかというと、必ずしもそうとはいえない事例が多々見受けられる。たとえば、気象庁が「重大な災害が発生するおそれが著しく高まっている場合」に最大級の警戒を呼びかけるために発表する大雨特別警報は、本来その情報が出たときには避難が終わっているべきであるのだが、それが一般市民だけでなく基礎自治体の防災担当者であっても十分に理解されているわけではないことが指摘されている（気象庁 2018）。

気象ビジネスはユーザーとの「共創作業」

民間気象事業者が「契約に基づく個人または法人」に情報提供を行う場合、その情報利用者は具体的な対応行動が想定されているため、どのタイミングでどのような情報を提供してほしいのかといったニーズが比較的明確になっていることが多い。したがって、民間気象事業者もニーズに応えることが可能な気象情報は何かを整理して提案することが可能となる。また、気象予測には不確実性を伴うが、「契約に基づく個人または法人」であれば気象情報の限界や留意点を丁寧に伝えることが可能となるため、より高度な対応判断につなげるための詳細な気象情報の提供が可能となる。

不特定多数への提供は不可能だが、契約している企業向けに提供している、日本気象協会独自の台風予測情報の一例を図2に紹介する。一般の人びとが取得することができる気象庁の台風予報は、五日先までの台風の予想進路を予報円の形で示している。先ほど紹介した物流事業者の例では、台風接近時の配送タイミングの変更は一週間前から検討に着手する必要があるが、気象庁の五日先までの台風予報では予測のリードタイムが足りない。そこで、日本気象協会では最長で一〇日先までの台風予測を提供している。ただし、一〇日先までの予測となると、当然、台風の予想進路にも不確実性が大きくなる。それを気象庁の方法のような予報円で表記しようとすると、非常に大きな円で表記することになり、またその円がいくつも重なり合ってしまうため、利用者にとっては非常に見づらいものとなってしまう。そこで、図2に示したように台風の進路をイメージしやすいよう、クラスター分析によって三通りのシナリオとして表記するとともに、それらに確率も付記することで不確実性を表現しているのである。これによって、一〇日先であっても予想される進路をイメージしやすくするとともに、複数の台風進路予測の表記や確率の付記によって複数のシナリオにもとづいた対応行動

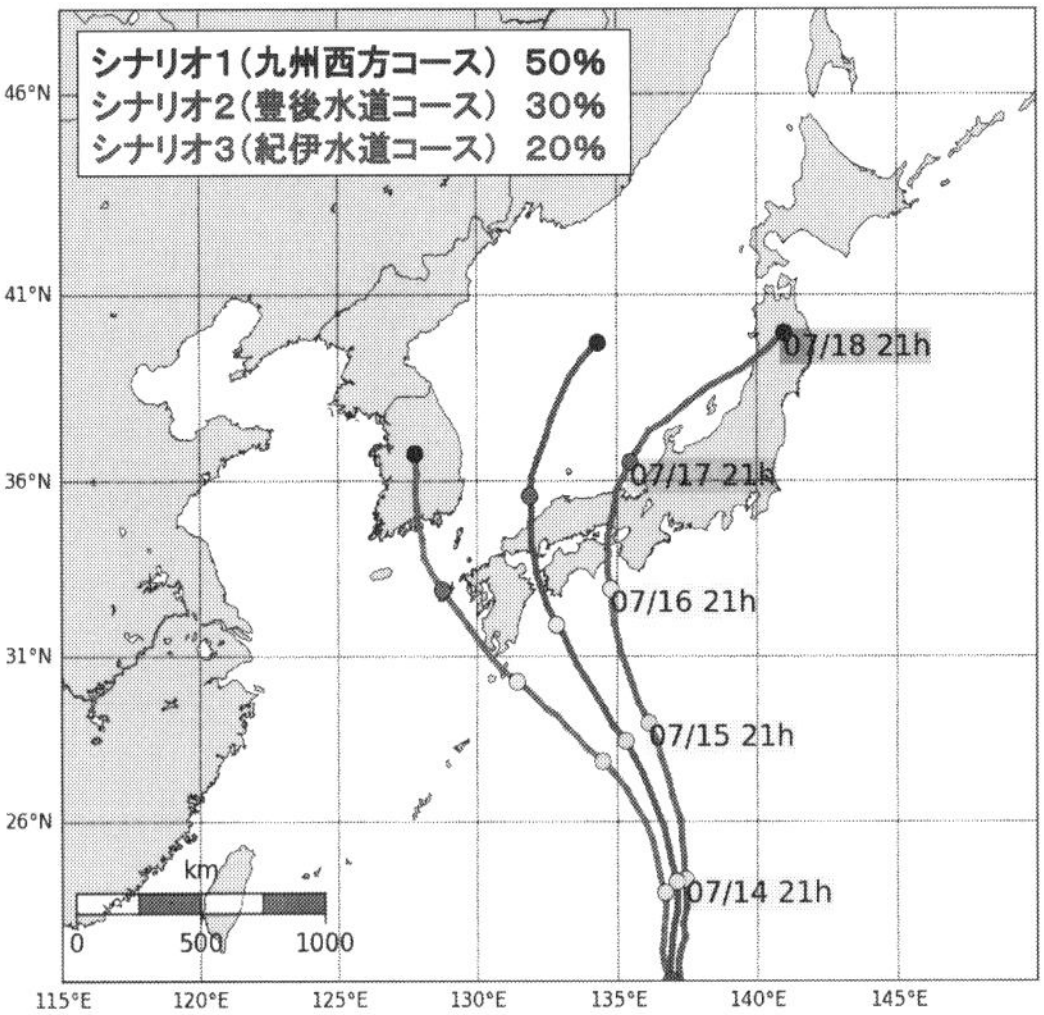

図2　日本気象協会が提供している「シナリオ型台風予測情報」

を検討してもらうことにつなげているのである。これは、情報利用者からのニーズの声を聞くとともに、情報の活用にあたっての留意点を丁寧に伝えることによって提供が実現した気象サービスの例である。

他にも、個人または法人が保有しているデータや情報を活用したり、より積極的な対応行動を実施するために必要な情報の要望を受けたりすることで、民間気象事業者は新たな気象情報の開発を行うことが可能となる。その結果として、情報利用者からの対価が増えることは新たなサービス開発のインセンティブにもつながる。これは、第1章で示した「新しい知の創出のためのオープンサイエンス」とも重なる。つまり、情報の提供者と利用者がより密接な関係性を築いていて情報のニーズや特性を相互理解していること、さらには提供者による新サービス創出に対して利用者において便益が生じて報酬も支払われることは、気象情報の「提供者」「利用者」という一方向の関係性にとどまらず、まさに「共創」の事例といえる。

4　情報利用者との共創が情報への信頼を保つ

気象に伴う影響の予測

気象ビジネスにおいては、利用者からのニーズとして気象の予測だけにとどまらず、その結果として「何が起きるのか」という予測も求められている。私は、豪雨時における被害軽減、避難促進に向けた情報提供の一環で、過去数年間の災害事例を分析した統計式をもとに、予想される雨の量から人

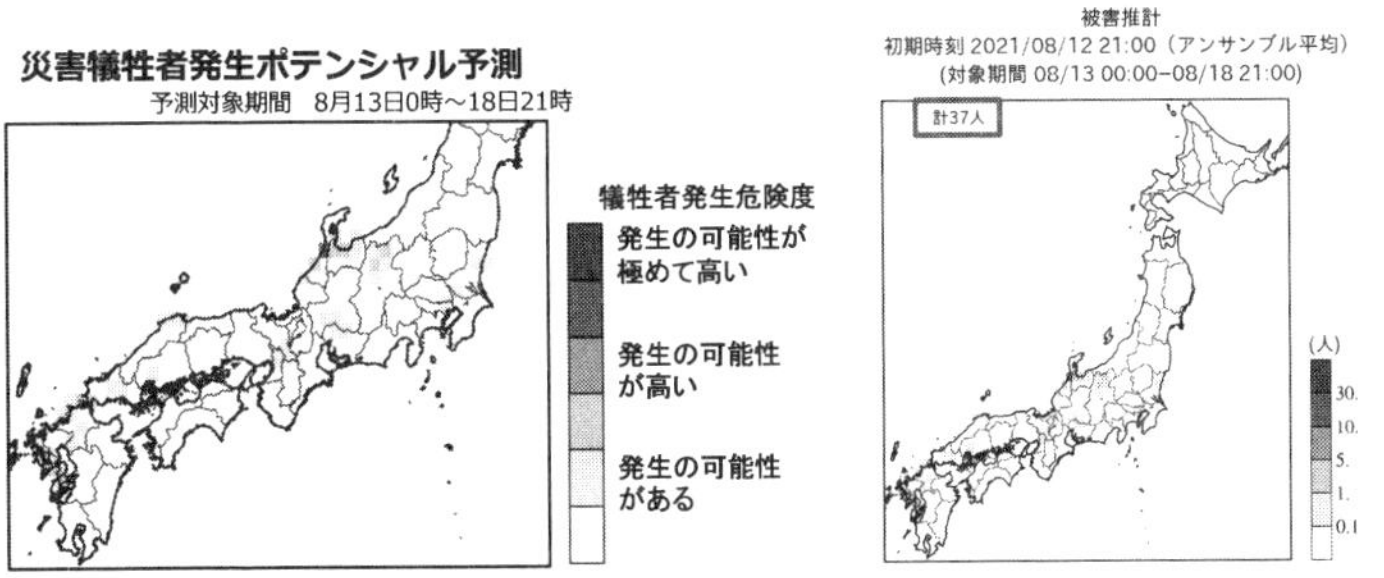

図3　日本気象協会が防災レポートで発表した「災害犠牲者ポテンシャル予測」（左図）（日本気象協会 2021）。右図は、その元となった災害犠牲者数推計値

的被害の発生がどの程度になり得るのかの情報提供を試みている（本間・牛山 2021, 2023）。

これまで、大雨による災害が発生しそうな状況では、精度の高い気象予測・雨量予測を発表することで、人びとの警戒感を高めて避難行動の促進を図ろうとしてきた。しかしながら、雨量と被害の発生の関係性は複雑であり、単純に何ミリの雨が降ると被害が発生するというものではない。そのため、情報の受け手には雨量の予測や実況を伝えるだけでは、危険度を十分に理解してもらえるとは限らないのである。そこで、過去の雨量と災害発生の関係性を分析して、雨量規模から想定される被害規模を推定することでどの程度の危険性があるのか、過去の災害に比べてどの程度の危険性なのかをわかりやすく伝えるために、このような「災害犠牲者数推計」という情報を考案している（図3）。

なお、このような予測を行うためには、気象に関するデータだけではなく、その結果として生じた社会事象に関するデータ（本例でいえば、災害犠牲者数など）が必要となってくる。これら社会事象に関するデータは、さまざまな機関が観測、記録し、保存されている状況であるが、これらのデータがオープン化されることにより、「気象を説明変数とした予測」は今後も増えてくることが期待される。これはすなわち、データオープン化に伴う「気象データ駆動型社会」の実現ともいえる。

予測が予測を変える

このように気象分野において、受け手側（社会、市民、企業など）に行動を促す上では、気象現象の予測だけでなく、起きうる社会的影響や被害も予測して情報を発信することに一定の効果があると思われる。一方で、気象とその影響を予測する情報を提供し、その予測結果に基づいた対応をすることで、社会側の影響度合いが変化することがある。

前述のように、災害の発生が予想されるときに「人的被害推計」を出すことで人びとが危機感を持ち、避難などの対応行動につながることによって、人的被害を減らすことにつながる可能性もある。新型コロナウイルスの感染拡大期に、医療分野の専門家からは「ワクチン接種率」「人と人との接触数」などのいくつかの仮定を置いた上で感染者数や重症者数、重症化率を推計していた。その中で、たとえば「何も対策をしなかった場合、死亡者数が一〇万人以上に達する可能性もある」という結果を提示していた。あくまで想定される「一つのシナリオ分析の結果」を示すことで人びとの感染症対策の継続の必要性を訴え、感染拡大を食い止めるための社会的コミュニケーションを企図したものだったといえよう。災害時の「人的被害推計」もこれに近い考え方といえる。

災害以外の分野でも、気象予測に関連するビジネスでは同様のケースがある。食品の売上と天候の間には深い関係性があることが知られている。秋から冬にかけての時期に、気温が下がるとよく売れる商材に「おでん」がある。ここ数日よりも気温が下がる予報が出ると、小売店ではおでんがたくさん売れるということで商品の陳列量を増やす対応がなされる。ここで、売上をさらに増やそうと広告を出したり、販売価格を下げたりといった販売促進策を行うと、当初予測よりもさらに売上が伸びることになる。商品売上の予測によって社会が対応を変えることで、その予測がさらに変わっていくのである。

二〇二二年三月の電力需給のひっ迫

ここで興味深い電力分野での影響予測の例を紹介する。電力は需要と供給を一致させる必要があり、電力会社では、電力需要量に応じて火力発電の稼働状況を変化させることで、発電量を調整している。電力需要は曜日や時間帯、天候の影響を多く受けるが、特に気温による電力需要の変動は大きいことがわかっている。冬であれば気温が下がれば下がるほど、電力需要が増加する。また、夏場であれば気温が上がれば上がるほど、冷房使用により電力需要が増加する。気温予測などを説明変数として、電力の需要予測が行われており、電力会社はこの予測情報をもとに発電量を制御している。

一方で、近年は太陽光発電などの再生可能エネルギーによる発電が増えていることから、電力会社において発電量を完全制御することができないこともある。その場合は電力の需要側を制御することが必要となるが、その仕組みの一つとして「デマンドレスポンス（ＤＲ）」と呼ばれるものがある。電力は、その使用する時間帯などによって電気料金の単価がダイナミックに変動する仕組みがある。

たとえば、厳しい冷え込みなどにより電力が不足するような場合には電気料金の単価を上げることで、その時間帯の電力使用量を抑制することが期待される。また、好天による再生可能エネルギーの増加によって電力が余るような状況であれば、電気料金の単価を下げて電力使用を促すこともある。過去のデータを活用し、科学的知見に基づいて社会における電力需要量を予測し、それを電力料金によって変動させることで需給調整を行う。

ただし、このようなデマンドレスポンスだけでは制御しきれないケースもある。二〇二二年三月二二日は、前週に発生した地震の影響で一部の火力発電所の稼働が停止していたこと、天候不順のため太陽光発電による発電がなかったことに加え、三月としては季節外れの寒さとなったことによる暖房使用の増加で電力需要が増加した。これらの影響で、東京電力管内で供給可能な電力量よりも多くの需要が発生し、ブラックアウトが発生する可能性が生じた。このときは、前日の段階から、当日の気温が低くなり電力需要量が増加することが予測されていた。予測される需要量が発電可能量を上回っていたことから、各方面に対して節電要請がなされた。その結果として、節電の効果により電力需要量を抑制することができ、大規模停電を避けることができた。気象予測とそれにもとづく電力需要予測の結果から、電力不足の回避のために社会への節電対応を呼びかけたことで電力需要を変化させることができた。

電力需要予測は外れたのか

なお、この電力需要予測結果にもとづいて節電を要請したため、結果として「電力需要予測」は外れたことになる。つまり、社会影響の予測は、その予測情報を提供することで社会対応が変化し、結果として社会影響が予測とは異なる結果となる（むしろそれを目指す）「自己矛盾性」がある。電力分野に限らず、災害分野でも気象予測や災害予測に基づいた情報発信により「避難の呼びかけ」がなされる（電力分野での節電の「要請」とは異なり、避難を「要請」するものではないことに留意）。とりわけ甚大な被害が予測される場合には、社会に対して不要不急の外出を控えることや早めに避難することが「強く呼びかけ」られる。このとき、社会への強い呼びかけが「効果」を発揮し、被害の発生が抑制されたとしよう。被害の発生が抑制されたことは当然望ましいことではあるが、その結果、被害の発生可能性を予見した情報は「空振り」という評価となってしまう。一度のみならず、このような「空振り」事象が立て続けに生じると、その「呼びかけ」に対する社会的信用は下がることになりかねない。

情報の「共創」には情報利用者のリテラシーも必要

事前に「予測」したとおりに事態が進展しなかったときに、その後もこれらの情報の「社会的信用」が下がることがないようにするためにはどうしたらよいのか。

先に紹介した食品売上予測といった、気象ビジネスにおける情報提供の分野では、気象予測とその結果生じ得る食品売上を予測するに際して、気象以外にも値下げ効果や広告効果なども考慮した予測も提示するとともに、何が要因で売上が増減したのかを定量的に評価することを行っている。したがって、「気象要因で売上が下がりそう」と予測された段階で販促などの対策を実行し、その結果、当初の予測よりも売上が下がらなかったとしても、「対策の効果」を示すことができる。民間気象事業者はこの「効果」を情報利用者に対して丁寧に説明し、理解してもらうことによって、情報への信用を失うことを回避している。

もちろん、その「対策の効果」は民間気象事業者からの「丁寧な説明」さえあれば理解してもらえるとは限らず、情報利用者の「リテラシー」も重要である。実際にビジネスの現場においても、情報利用者の方々に気象情報や各種予測情報の特性を十分に理解していただけず、その結果として気象情報の活用の取り組みが続かなかった経験もある。私たち民間気象事業者がビジネスとして気象情報活用の取り組みを続けていくためには、情報利用者である「お客様」のリテラシーを高めていく対話も必要なのである。

5　気象ビジネスの発展とオープンサイエンス

本章では、民間気象事業者が気象情報を情報利用者と「共創」しつつ、情報利用者からの信頼を高めながら気象ビジネスを展開している様子を「オープンサイエンス」の視点を交えながら解説してみた。ビジネスの関係を続けていくためには、情報利用者がリテラシーを獲得して「成長」するだけではなく、情報提供者である私たち民間気象事業者も高度化する情報利用者からの要望を受け入れ、情報をアップデート、カスタマイズする「成長」が必要となる。私たち自身もこの「成長」を怠ると、ビジネスとしての関係は続かないのである。この関係はまさに、専門家と参加者がともに「新しい知」を想像して進歩し、その関係性を継続していくオープンサイエンスの目指すべき姿そのものといえよう。専門家と一般参加者との間でのオープンサイエンス的な取り組みでは、科学的知見の提供と一般社会での実践のサイクルは長期的（数年〜十年以上）な取り組みとなることが多いが、気象ビジネスの場では早ければ数か月から数年の単位で「新たな知の提供とその実践」を繰り返している。「専門家」と「参加者」という二者間での取り組みだけではなく、民間気象事業者のような「ハブ」が存在することで社会的実践のスピード感が得られるのである。

文献

本間基寛・牛山素行 2021「豪雨災害における犠牲者数の推定方法に関する研究」『自然災害科学』*40*(特別号), 157–174.

本間基寛・牛山素行 2023「令和4年の大雨事例における雨量と人的被害発生の関係性」『自然災害科学』*42*(特別号), 1–20.

気象庁 2018「防災気象情報の伝え方に関する検討会（第1回）資料6」https://www.jma.go.jp/jma/kishou/shingikai/kentoukai/tsutaekata/part1/tsutaekata1_shiryou_6.pdf（情報取得2023/09/24）

気象庁 2022「防災気象情報に関する検討会（第1回）資料3」https://www.jma.go.jp/jma/kishou/shingikai/kentoukai/bousaikishoujouhou/part1/R040124_shiryou3.pdf（情報取得2023/12/25）

気象審議会 1992「第18号答申：社会の高度情報化に適合する気象サービスのあり方について」, 19.

日本気象協会 2021「防災レポート Vol.13　前線に伴う今後の大雨・災害の見通し（第3報）」https://www.jwa.or.jp/news/2021/08/14249/（情報取得2023/09/24）

若林悠 2021「現代日本気象行政史のなかの『天気予報の自由化』——行政学による一つの解釈」『天気』68(3), 45–49.

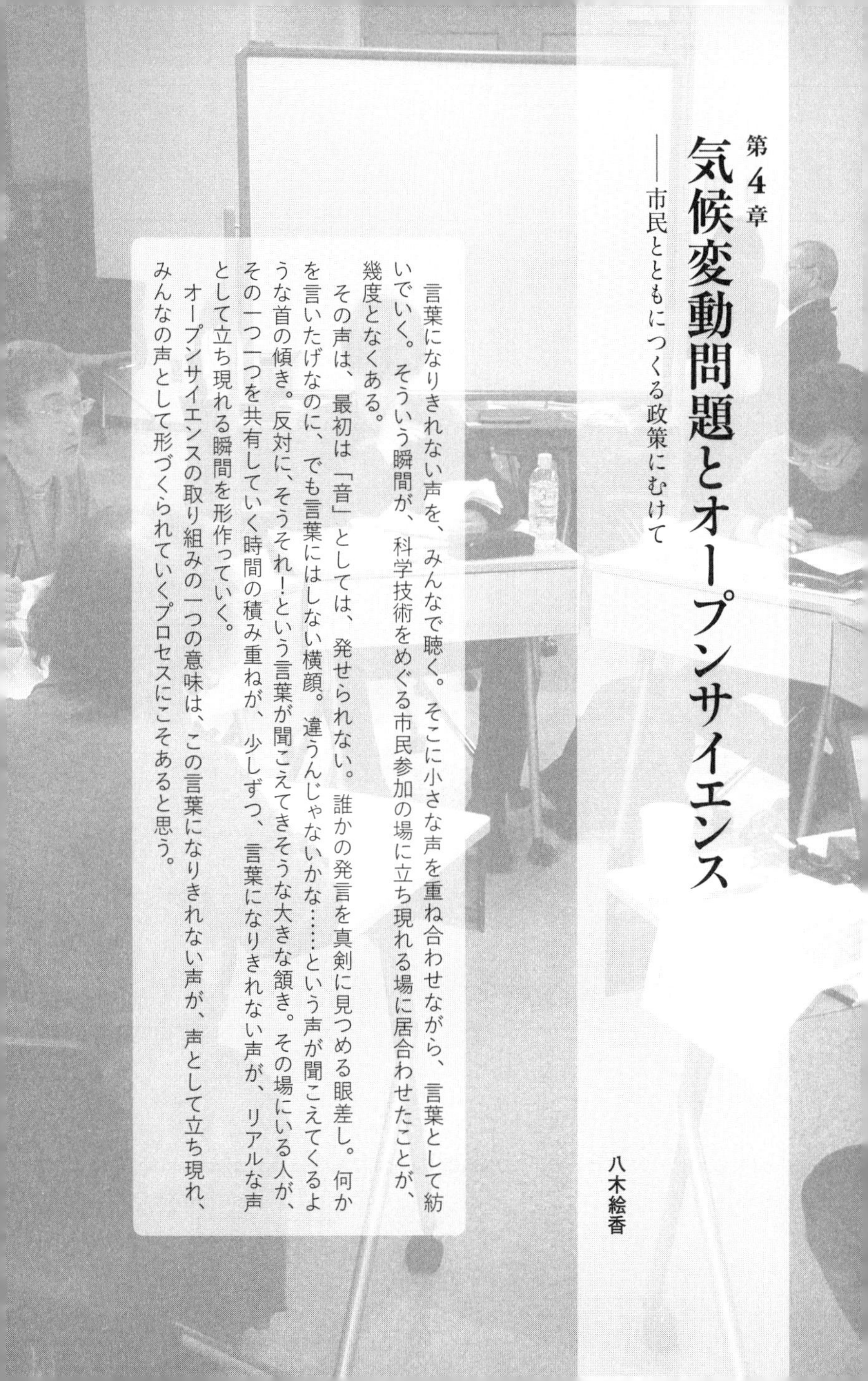

第4章

気候変動問題とオープンサイエンス

——市民とともにつくる政策にむけて

八木絵香

言葉になりきれない声を、みんなで聴く。そこに小さな声を重ね合わせながら、言葉として紡いでいく。そういう瞬間が、科学技術をめぐる市民参加の場に立ち現れる場に居合わせたことが、幾度となくある。

その声は、最初は「音」としては、発せられない。誰かの発言を真剣に見つめる眼差し。何かを言いたげなのに、でも言葉にはしない横顔。違うんじゃないかな……という声が聞こえてくるような首の傾き。反対に、そうそれ！という言葉が聞こえてきそうな大きな頷き。その場にいる人が、その一つ一つを共有していく時間の積み重ねが、少しずつ、言葉になりきれない声が、リアルな声として立ち現れる瞬間を形作っていく。

オープンサイエンスの取り組みの一つの意味は、この言葉になりきれない声が、声として立ち現れ、みんなの声として形づくられていくプロセスにこそあると思う。

1　気候変動問題とオープンサイエンス

気候変動問題の現在

気候変動問題という言葉を聞いて、それは何？と思う人はほとんどいないだろう。

気候変動問題に注目が集まるようになったのは、地球温暖化が深刻な問題として、科学者の間で注目されるようになってきた一九七〇年代から八〇年代にかけてである。一九八八年には、地球温暖化に関する科学的側面を政府間で検討する枠組みとして「気候変動に関する政府間パネル（IPCC：Intergovernmental Panel on Climate Change）」が設立され、世界中の科学者の協力の下、気候変動をめぐる最新の科学的知見が整理されるようになった。これらの科学的検討を踏まえつつ、国連気候変動枠組条約締約国会議（COP：Conference of the Parties）を中心とした議論を通じて、温室効果ガス排出量削減の実現に向けた取り組みが継続されてきている。最近では、二〇一五年にパリで開催されたCOP21において、二〇二〇年以降の温室効果ガス排出削減のための新たな国際枠組みとしてパリ協定が採択され、さらなる温室効果ガス排出削減の動きが加速している。

国内においては、二〇二〇年に菅総理大臣（当時）が「二〇五〇年までに、温室効果ガスの排出を全体としてゼロにする、すなわち二〇五〇年カーボンニュートラル、脱炭素社会の実現を目指す」ことを宣言し、温室効果ガスの排出を二一世紀後半に実質ゼロにするという国際目標にむけて、脱炭素社会の転換にむけた動きが活発化している。

気候変動と市民参加の第一フェーズ

ここで少しだけ、ＣＯＰを通じた国際交渉の枠組みとその変化について触れておきたい。気候変動をめぐる国際的な約束をつくり、それを実行するにはとても長い時間が必要となる。たとえば国内で馴染みが深い「京都議定書」は、一九九五年のＣＯＰ１で、温室効果ガス削減のための国際的枠組みの検討が開始され、一九九七年のＣＯＰ３で採択（全体の方向性を骨子にまとめること）された。さらにその後も国際的な議論が続けられ、採択から八年後の二〇〇五年にようやく、京都議定書は発効（議定書が効力をもつ）された。その上で、各国が、国内法上の手続き（国会の承認など）を経た後に締結を行い、それぞれが約束を果たしていくことになった。

市民参加という観点から、気候変動をめぐる国際交渉について考えると、その最初のフェーズは、京都議定書の内容を具体化していくプロセスにあるといえる。京都議定書は一言でいえば、日本を含むいわゆる先進国が、どのくらいの期間で、どの程度の量の温室効果ガスを削減するかを定めたものである。この段階では、途上国の国々には具体的な削減目標の提示はなされていない。日本国内では、二〇〇八年から二〇一二年（京都議定書の第一約束期間）の間に、温室効果ガスの排出量を一九九〇年に比べて六％削減することが目標とされ、国民的運動として「チーム・マイナス６％」が掲げられた。この段階での気候変動問題についての市民の参加は、政府・経済界が旗を降り、市民（国民）を啓発するという意味合いが強かった。

図１　2009年に実施された「世界市民会議（WWViews）」の会場風景

気候変動と市民参加の第二フェーズ

その次のフェーズは、二〇〇九年にコペンハーゲンで実施されたＣＯＰ15の前後であるといえる。前述の通り、議論の開始から議定書が効力を発するまでにはかなりの時間がかかる。そのため、京都議定書の第一約束期間の終わる二〇一二年末までに、その先の取り組みを具体化していくためには、ＣＯＰ15で各国の合意をある程度とりつけることが望ましいとされていた。結果としてコペンハーゲン合意では、全会一致の採択には至らなかったもののパリ協定につながる流れができ、気候変動対策を進める動きにつながった。

この流れの中で生まれてきたのが、気候変動問題についての目標作成を、トップダウンではなく、市民参加の手法を本格的に活用しようとする動きであった。その代表例の一つが二〇〇九年に実施された「世界市民会議（WWViews：World Wide Views）」である。

WWViewsでは、日本を含む世界三八の国と地域が、同じ日に、同じ情報提供資料を用いて、同じ議論の手法をつかって共通のテーマを議論した。この会議は、気候変動問題について世界規模での市民参加を行う取り組みとして、注目を集めた。議論の結果は、二〇〇九年一二月にコペンハーゲンで行われたＣＯＰ15に世界市民の声として届けられた。京都議定書の策定段階における、専門家が主導する気候変動政策から、さまざまなステークホルダーを巻き込んで、市民参加型で脱炭素社会にむけた舵取りを行う方向に変化していったのである。

気候変動と市民参加の第三フェーズ

これらの活発化する動きの中で、注目を集めたのが「ミニ・パブリックス」と総称される取り組みである。ミニ・パブリックスとは、無作為抽出型の市民会議の総称であり、社会全体の縮図となる参加者を集めて議論を行い、その結果を政策決定などに用いる市民参加の方法である（日本ミニ・パブリックス研究フォーラム 2023）。一九七〇年代から世界各地で用いられてきており、その具体的な方法にはさまざまなものがあるが、基本的には次の四つの要素を満たすとされる（三上 2022）。

①参加者は、社会の縮図となるように集められる。その方法は、無作為抽出や、公募で集まった参加者の中から年齢や性別、居住地域などの属性バランスを加味した抽選を行うなどさまざまである。②議論に先立って、参加者はバランスのとれた情報提供を受ける。参加者の中には、議論のテーマについて必要な予備知識を持たない人もいるため、参加者を特定の方向に誘導しないようにバランスの良い、丁寧な情報提供は必須の条件となる。

③市民参加者同士でじっくりと議論する時間を設ける。ミニ・パブリックスの重要な要素の一つは、立場や年齢、知識やこれまでの経験など背景の異なる参加者同士がじっくりと意見をかわし、その上で、自らが何を考えるかを吟味することにある。

④議論の結果は、投票結果や意見書、政府に対する詳細な提言などの形でとりまとめられる。単純に議論をして終わり、というのではなく、議論の結果を政策形成のための参照意見として活用することを目的としている。

後述するように、これらの概念がより進化する形で、フランスやイギリスをはじめとする欧州の国々で、二〇一九年から気候市民会議と呼ばれる取り組みが盛んとなりつつある。日本でも二〇二〇年に札幌で初めて試行された後、各地で行われるようになっている。

ミニ・パブリックスというオープンサイエンス

ミニ・パブリックスの議論と、オープンサイエンスをめぐる議論は、直接的な接点をもつ形で発展してきてはいない。しかしその背景には共通項がある。

世界各地でミニ・パブリックスが発展してきた背景には、リスクをめぐる議論の変容がある。一九七〇年代までの急激な経済発展および、冷戦時代を背景とした科学技術の爆発的発展は、富と健康を多くの人びとにもたらした。それは市民の側にとっては、科学技術があらゆる問題を解決してくれると錯覚することができた時代でもあった。しかし六〇年代から七〇年代にかけて明らかになったさまざまな社会問題、特に「沈黙の春」に代表される環境問題への注目は、人びとに科学技術に対する疑念を抱かせるに至った。専門家が差し出す科学的知見（のプラスの側面）を、社会の側がそのまま受け取り難いと感じる時代が到来したのである。

一方で、人類が獲得した科学技術の力は、自然災害は受け入れざるをえないものではなく、回避やコントロールが可能なものであると理解される変化をもたらした。本書の主題である天変地異、風水害や巨大地震は長らく、避けることができない自然の猛威であり、その被害は受け入れざるをえないものとして位置づけられていた。しかし建築・土木技術の発展や予測技術の発展により、それは適切な形で運用されれば、ある程度回避可能なリスクとして受けとめられるように、変化していった。では、適切な形で運用するとは、どうすることなのだろうか。たとえばダムや堤防などは、どの場所に重点的に設備投資をするのが適切なのであろうか。また災害対策のためだけに無尽蔵に予算が使えるわけでもない。他の社会課題と比較した時に、どの程度災害対策に費用をふり分けるのが適切なのだろうか。

そしてその疑問は、この決定は誰が、どのように行うべきかという問いに収斂される。専門的な知識が重要であることはいうまでもない。しかし専門家が差し出す科学的知見を素直に受け入れ難い状況で、かつ多様な価値の中でリスクをめぐる意思決定を行うためには、専門家だけには任せておけない。多様な参加者によってその決定が吟味されるべき、という考え方が注目をあびるようになったのだ。これが、ミニ・パブリックスが台頭してきた一番の理由であるし、オープンサイエンスが注目されるようになった流れとも思想を同じくするものである。

気候変動問題のミニ・パブリックス

気候変動問題について、ミニ・パブリックスを本格的に活用する取り組みにはいくつかの実践例がある。前述した二〇〇九年の世界市民会議（WWViews）は、その一つである。その後も、同様の取り組みが展開され、二〇一五年には気候変動とエネルギーをテーマとして世界九七箇所で約一万人の市民を集めた世界市民会議が開催されている。この世界市民会議では、「今世紀末には排出をゼロにするという長期目標が、パリ会議での合意に含まれるべきと思うか」という問いに対して、世界全体の参加者の九六％が「はい」と答え、またそのうち七〇％の人が全ての国に対して法的拘束力をもつ目標を掲げるべきという意見を支持している。これらの結果は、各国代表に届けられるとともに、パリ会議の場でも報告され（日本科学未来館 2019）、世界市民会議で可視化された市民の声は、パリ協定の締結に至るまでの過程で「政策を決める」人びとの間で広く共有されることとなった。

これらの流れを受け、フランスやイギリスをはじめとする欧州の国々で、二〇一九年から気候市民会議と呼ばれる取り組みが盛んとなりつつある。気候市民会議は、社会全体から無作為抽出で選ばれた数十人から百数十人の人びとが一堂に会し、気候変動対策について数週間から数か月をかけて話し合い、その結果を政策決定に反映させようとする取り組みである。日本でも二〇二〇年に札幌で初めて試行された後、二〇二四年度末までに二〇以上の地方公共団体で開催され、その動きはさらに広がりつつある。

気候市民会議を含むミニ・パブリックスの取り組みは、可能な限り多様な参加者が集うことができるよう、物理的なアクセスに配慮し、場合によっては高額になりすぎない程度の謝金を渡すなど、参加機会の公平性の確保に心を砕いている場合が多い。しかしそれでも、気候変動問題についての資料を読み込み、そして初めてそこで出会う人たちと議論し、そして多様な意見に耳を傾けつつ自らの見解を吟味し、言葉にするというプロセスに心理的なハードルを感じる人も少なくない。

そこで必要とされるのが、参加者の心理的障壁を下げ、参加者ができる限り活発に意見交換できるようにするための「ファシリテーション」である。ファシリテーションの定義にはいくつかのものがあるが、科学技術をめぐる議論の場においては、専門用語をわかりやすく翻訳したり、参加者同士の議論を交通整理したり、場合によっては発言が少ない参加者の発話を促すなどして、その場の議論の活性化の支援につとめる機能を指す。このファシリテーション機能は不可欠である一方、しばしば、「よいファシリテーションとは何か」ということが議論になる。議論の場においてファシリテーターは、ある種の大きな権力をもつことから、そのファシリテーションが如何なるものであったのかの吟味が重要となるのである。

以下の節ではこの観点から、二〇一九年に筆者らが気候変動問題について行ったミニ・パブリックスの事例の一つ、「脱炭素社会への転換と生活の質に関する市民パネル」について、議論したい（脱炭素社会への転換と生活の質に関する市民パネル実行委員会 2019）。

2　脱炭素社会への転換と生活の質に関する市民パネルの取り組み

市民パネルの概要

本章で検討の対象とする市民パネルは、筆者らが研究の一環として、ミニ・パブリックスの代表的な手法の一つである「市民陪審（Citizens' Jury）の方式を用いて実施した。概要は次の通りである。[1]

●名称：脱炭素社会への転換と生活の質に関する市民パネル
●実施日：二〇一九年三月二日（土）〜三月三日（日）
●実施場所：北海道大学情報教育館
●参加者：民間調査会社の協力を得て、札幌市およびその周辺の計八市町村の一八歳以上から一八名を抽出。二七八名の応募者の中から、当該地域の社会全体の縮図となるよう年代・性別などのバランスを考慮し、参加者を抽選した（気候変動やエネルギー問題についての専門家は除外）。
●市民パネルの目標：最終的な目標は、一八名全員でよく話し合った結果として、表2の三つの論点それぞれについて意見（結論）を短い文章の形でまとめることであった。直接的に政策担当者への提言を行う想定ではないが、具体的な宛て先のイメージを持って議論する方が、より効果的であるとの考え方から「主に日本において、政府や企業・産業界、NPO／NGO、研究機関など、さまざまな領域で気候変動問題に取り組む人たちや、マスメディアや学校・教育機関などでこの問題を伝えたり教えたりする立場にある人たち」を、意見の主な読み手として想定し、意見（結論）をとりまとめるよう求めた。

市民パネルの結論①　将来にわたる気候変動の影響について

市民パネルの参加者は、将来にわたる気候変動の影響について「このまま放置すれば地球的規模で生態系を破壊し、結果として、人類、特に将来世代の生存権さえ侵害しかねない大変な問題である」

表1　プログラム概要

<table>
<tr><td rowspan="3">1日目</td><td>0900-1055</td><td>ガイダンスと導入レクチャー</td></tr>
<tr><td>1100-1625</td><td>参考人ヒアリング①②③
途中休憩2回（計65分）を含む</td></tr>
<tr><td>1635-1730</td><td>グループ別評議①　結論案に盛り込む要素の検討
論点1：気候変動の影響（グループ1が担当）
論点2：目標の実現可能性（グループ2が担当）
論点3：生活の質への影響（グループ3が担当）</td></tr>
<tr><td colspan="2" rowspan="2">1日目夜から2日目朝にかけての作業</td><td>各グループファシリテーターが、グループ別評議①の結果をもとに結論案の素案を作成</td></tr>
<tr><td>各グループの討論者は、2日目のグループ別評議②にむけて、自らの見解メモを作成（翌日の評議で共有）</td></tr>
<tr><td rowspan="3">2日目</td><td>0900-0925</td><td>1日目振り返り（グループファシリテーターがとりまとめた結論案の素案を共有）</td></tr>
<tr><td>0930-1130</td><td>グループ別評議②　結論案の作成</td></tr>
<tr><td>1420-1530</td><td>全体評議　評議の取りまとめと結論の完成</td></tr>
</table>

表2　議論した論点

【論点1】　将来にわたる気候変動の影響はどのようなものであると認識すべきか。

【論点2】　温室効果ガスの排出量を、21世紀後半に世界全体で実質的にゼロにするという目標はどれくらい実現可能性のあるものと捉えるべきか。

【論点3】　脱炭素社会への転換が私たちの生活の質に与える影響について、どのように受け止めるべきか。生活の質への機会となるか、脅威となるか。

という認識を示していた。また、途上国や社会的弱者（低所得者、傷病者、高齢者など）がより深刻な被害を被る可能性について「原因への責任が小さい人が深刻な被害を受けるという不公平な構造」があることについても指摘していた。

一方で、北海道を含む日本では、気候変動の影響や深刻さについて実感が伴わない人がいることも事実であり、人間の活動が気候変動の主な原因であるということについて否定的な意見をもつ人や、気候変動が発生することで自分や家族にとって好影響があると考える参加者も存在した。参加者の多くは、大筋では気候変動の脅威を感じきれないと思いつつも、気候変動問題はその対策が滞れば、世界規模で取り返しがつかない大きな影響が発生するという認識を持っていた。

市民パネルの結論② 目標の実現可能性について

また、パリ協定で合意された目標の実現可能性については、脱炭素社会への転換が「やらなければならないこと」であるという認識が共有され、その「ハードルはとても高い」が「取り組み方次第で、パリ協定の排出目標は達成できる可能性はある」という方向で意見が一致していた。

一方、市民パネル終了後のアンケートでは、二一世紀後半の実質排出ゼロ目標の実現可能性について、半数弱の参加者が、実現可能性は「乏しい」と回答しており、結論で言葉として示された「達成できる可能性はある」という表現は、積極的に可能性を認めているというよりは、可能性は否定しないという留保であると読み解くことが妥当であるとも考えられた。また、結論①と合わせて読み解けば、脱炭素化は避けられないことを理解しつつも、その実現への道は極めて厳しい。しかしやらなければならないという迷いの中で、「取り組み方次第で」「達成できる可能性はある」という表現が生まれてきたと報告書では指摘されている。

市民パネルの結論③　生活の質への影響について

生活の質に関する結論では、「私たちにとって最も大切なのは、私たちが安心・安全に暮らせる地球、環境や、自然を守ることである（＝気候変動問題への対策を推進する社会）」「そうすることが私たちの生活の質の向上につながる」と明快に述べられている。

一方で、すべての参加者において、この結論に表現されたほどの強い形で、脱炭素社会移行への懸念が払拭されたというわけではない。市民パネル終了後も「日常生活の不自由さ・不便さ」「家計への圧迫、経済的な負担の増加」「経済成長への制約、経済活動の停滞・混乱」についての懸念は示されており、総論としての方向性はポジティブであるものの、具体的に自分たちの生活に思いを馳せる時、そこまでクリアに言い切れない状況にあるのだろう。

また、結論③やそれに至るまでの議論では、「生活の質は、人によって異なり、非常に多様」であることや、「住んでいる地域や、経済状況、年代」により脱炭素化のために取りうる具体的な行動は異なるため、それが押し付けや強制、排除につながることを避け、多様性が大きく損なわれないような形で対策を進めるべきであるという視点が提示されている。これは結論③が「脱炭素化に向けて行動しない人が、社会の中で孤立しないように配慮」する必要があるという言葉で締めくくられていることにも現れている。社会的弱者へのまなざしが色濃く結論の文章に残ったことは、行政担当者や気候変動問題に関する専門家による提言作成ではなく、多様な市民が、お互いに異なる意見を交わし合いながら、言葉を作り出していくプロセス、すなわちオープンサイエンスの成果といえるのではないだろうか。

以下にそのプロセスがどのようなものであったのかについて、より詳しくみていきたい。

3 オープンサイエンスとファシリテーション

ファシリテーションに必要な基本機能

表1にも示したとおり、最終的な結論の文章は、一日目に、専門家との討議（参考人ヒアリング）を行ったのち、三つの論点を三つのグループそれぞれで分担した内容（結論案）をもとに作成している。本来であれば全グループが、三つの論点について議論の時間を設けることが理想ではあるが、時間の制約から結論案の作成までは三つのグループで担当を分担し、それらの案の結論の文章を全員で作成する全体議論の場に持ち込む設計とした。全体議論の場の時間は、一八〇分である。

筆者はこの市民パネルにおいてメインファシリテーターをつとめた。

トランスクリプトの分析に基づくと、メインファシリテーターである筆者は主に、①参加者が言葉を「紡ぐ」ための積極的働きかけ、②参加者の意見が文章に反映されているかどうかの「確認」、③削除した論点のすくい上げという「介入」の三つの機能を担っている。

ファシリテーターの基本的な役割の一つは、参加者の心理的安全性を確保し、多様な意見を引き出すことである。たとえば『いいんじゃないかというアイディア。誰か、案でもいいからしゃべってくれませんか』というファシリテーターとして筆者の発話は、できるだけ気軽に、正しいかどうかを問わずにまずは発話してもらおうとする問いかけであるし、『がんばってみてください。いい論点だと思うので、言葉を出したらきっとみんなが手伝ってくれると思います』という発話もまた、対話の場の雰囲気を温め、参加者の発話をエンカレッジするための試みであるといえよう。このようなファシリテーターの振る舞いが「紡ぐ」機能である。

「確認」の機能にはいくつかのものがある。まず一つ目は、強い合意として記述された文章について、本当に異論はないか、こう言い切って良いかということの確認である。『この文章の大筋について、これは違うというのはありますか』『今までの話と違うということはないですか』『ここに異論があるかどうかが、たぶん大きな分かれ目だと思うのですけど、こう書いても大丈夫でしょうか』というように、まずは同意されていると思われる文章を再確認する機能を、ファシリテーターは果たしている。

加えて同様の文脈で、主語が曖昧であったり、もしくは揺れがある箇所に対して、主語の確認も細かく行っている。また『〝現実味がわかない人もいます〟ですか。〝多くの人はわきません〟ですか。どっちのニュアンスが近いでしょうか』というように断定の程度の確認も積極的に行っている。このようなファシリテーターの働きかけにより参加者は改めて、自分たちの議論を吟味する機会をもつ。

そして三つ目の機能は、削除した論点のすくい上げ（積極的介入）である。前述のとおり、結論③の末尾には「脱炭素化に向けて行動しない人が、社会の中で孤立しないように配慮」すべきという一文がある。これは、文章の作成過程で一度は削除され、ファシリテーターの働きかけにより、最終的に復活した文章である。

議論の中で消えていった言葉

全体討論の途中で、浮かんでは消え、消えては浮かぶという形で市民参加者が注目していた論点の一つには、脱炭素化社会への転換に向けた取り組みやルールの強制力やスピードは、どの程度であるべきかというものがあった。

専門家からの情報提供や、市民同士の意見交換を通じて参加者は、脱炭素社会にむけた変化のスピードは速いことが望ましいということを学んでいた。そして、そのためには相当の覚悟をもって社会の仕組みを変えなければならず、個々人の価値観やおかれた状況を配慮しすぎては、変化のスピードは鈍らざるを得ない。その意味で、ある程度の犠牲はやむを得ないという方向に、議論は収斂していった。事実、論点2を担当していたグループファシリテーターは以下のように発言している。

ここに最後、議論して盛り込もうとして盛り込まなかったものとして……。脱炭素化を好まない、選ばないという選択肢を、そういう選択肢を取る市民がいたとしても、それはそれに対して非難しない、そういう脱炭素化しない価値観に対するバッシングみたいな、そういうことはやらない。そういう寛容な社会も必要だみたいな文言を入れようとしたんですけれども。
基本的には脱炭素化の実現、それは、しかも、非常に実現が難しいと我々が認識していることなので、……（中略）……そういう人がいるかもしれないけれども、わざわざここに書く必要はないだろうということで、最終的には削除しました。

最終案として出てきた文章は、スピード感をもって社会の脱炭素化を進めることは不可欠であり、そのためには個々人の価値観や状況全てに配慮することは困難である。ある程度の犠牲はやむを得ないというトーンでまとめられていた。しかしグループファシリテーターの補足からもわかるようにその背後には、特定の個人がもつ価値観や、場合によっては「わがまま」と捉えられかねない意見も尊重されるべきという話が、初日のグループ別の議論のなかに存在していたことを示している。

また別の文脈では、価値観や嗜好性というものは、個人の中から発露されるものだけではなく、むしろ経済・社会環境によって、それを指向せざるを得ない立場の人から生まれうるのではないか、という指摘もなされている。そのような状況に置かれる人がいる中で、急激に社会が変化することは、弱い立場にある人たちにとって、死活問題とも呼べるほどの圧力として作用する可能性があることも、市民参加者は自らの経験から想像し、そして議論していた。

しかしこれに続く全体議論のなかでは、AさんBさんを中心とした、「そのような意見は議論を蒸し返すようなものであり、脱炭素化のためにはある程度の犠牲はやむを得ない」という主張と、CさんDさんを中心とした「マイノリティ（特に不利益を被る可能性がある）の人の視点を大切にしたい」という主張が平行線をたどることになった。結果的には断定的な発話をするAさんとBさんの意見に全体の合意が傾いていった。

ファシリテーターの「積極的介入」

その場で、メインファシリテーターである筆者は、以下のような問いかけ（＝積極的介入）を行っている。

全体のニュアンスとして、ここでも、ここでも、似たような意見が出てきて、迷った末に落としているということは、……（中略）……いきなり脱炭素社会に、ばっと向かったときに、何かこぼれ落ちたりするのではないか、そういうことが気になっているということですね、きっとね。（小さく頷く参加者を見ながら）そうなんですよね。

（それにまつわる文章を）最終的にはとる（削る）で構わないんだけど、落とした文章を残したいという意味じゃないけど、でもそのニュアンスが、どこかに入る余地があるのかな。

何かこっち（のグループ）でも、こっち（のグループ）でも、ものすごく悩んで、同じような論点を落としているというのがあって。それはそれでよいという見方もあるけど、ここまでの議論を聞いていると、やはり皆さんが気になった大きなポイントなんでしょうね、ここが。

このメインファシリテーターの問いかけに対して、それまで一言も言葉を発していなかったある参加者（Eさん）が、おそるおそるという形で次のように発言し、メインファシリテーターである筆者との応答を行っている。

Eさん：すみません……。今の日本の生活している中って、昔よりも人間関係は薄くなってきているとは思うんですが、やはりまだ村社会的な雰囲気があると思うんです。だからその小さい単位の中で、自分たち（多くの人が）がやっていることができないとか、そういう人がいた場合に、昔の村八分じゃないですけど、そういうことが起こり得るんじゃないかなって思うんですけど……。

筆者：そういうことですね。

Eさん：だから何らかの、さっきの削除した言葉はちょっと合わないんですけれども、何らかの違う言葉で（文章に）入れたらいいかなと思うんですね。

筆者：入れたいんですよね……きっと。

Dさん：こういう文章を残せるところがなかったでしょうかね、ほかのところでも。

このやりとりを踏まえて、最終的にはEさんの発言を起点として最終的な文章調整がなされ、結論③の末尾には「脱炭素化に向けて行動しない人が、社会の中で孤立しないように配慮」すべきという一文が挿入された。

介入的なファシリテーションをどう評価するか——属性による発言量の比較

こうした介入的なファシリテーションはどのように評価されるべきだろうか。

市民パネル終了後に実施した参加者へのアンケートでは、ファシリテーターの支援によって議論の質が高まったとする記述が複数あった一方、進行について問題点を指摘する記述はなかったことから、ファシリテーションは肯定的に受け止められていたと言うことができる。また気候変動をめぐる諸問題はその対策を実施するにしてもしないにしても、多くの人たちの生活へ大きな影響を与えるテーマであることから、多様な価値や意見が、その政策形成プロセスにおいて参照されることが重要である。その文脈でいえば、意見を尊重されない人の声（踏み潰される声）の可視化は重要であるという観点から、最後にこのような文言が入ったことには、意味があるだろう。

一方で、必要な「介入」と議論の「誘導」は、紙一重の関係であるのもまた事実であり、その点は丁寧に吟味されるべきだろう。以下では、筆者がその時に感じたことをデータの分析で補足しながら、その「介入」の意味について検討を加える。

議論の場には、男性九名女性九名の合計一八名が参加していた。一八〇分の合同評議の時間帯のスクリプトを発話毎にカウントすると、計八〇三ユニットの発話がカウントされている（発話の長さには違いがあるため、発言時間とは一致しない）。この八〇三ユニットの発話の中で、メインおよびグループファシリテーターの発言が五三％、参考人の発言が三％、参加者の発言が四四％という比率になっている。ファシリテーターの発言の多く（八五％）はメインファシリテーターによるものであるが、メインファシリテーターは参加者に発言を促すような形で全体の進行をしているため、発話数が多くなっていることが推測される。

参加者の発言のうち、発言数を男女で比較すると、男性七一％、女性二九％であり、圧倒的に女性の発言が少ない。これは事後的にデータをみて改めて明らかになったことであるが、メインファシリテーターをつとめていた筆者は、当日、その場でもその課題を感じていた。

そして、前述の「そのような意見は議論を蒸し返すようなものであり、脱炭素化のためにはある程度の犠牲はやむを得ない」という主張をしたAさんBさんは男性であり、「マイノリティ（特に不利益を被る可能性がある）の人の視点を大切にしたい」いう主張をしたCさんDさんは女性であった。単純に男女という属性だけで判断することは危険であることは筆者も重々承知している。しかし、発言量のバランスの圧倒的な差、発言量が少ないほうの属性（女性）がマイノリティの視点を大切にしたいと主張するという状況を目の当たりにしたとき、筆者は振り返って、それはこの場において救い上げられる論点であると判断したのだと考える。

介入的なファシリテーションをどう評価するか――誰が発言するか

メインファシリテーターである筆者の介入に応答したEさんもまた、女性であった。そしてEさんは、ずっと何か言いたげな様子をしつつ（筆者の目にはそう見えていた）、それまで一言も言葉を発していなかった参加者であった。筆者の直接的介入に応じて、Eさんが、おそるおそるという形でマイノリティの視点を大切にしたいという趣旨の発言をし、それにメインファシリテーターである筆者が応じたことは、この後の議論の流れを決定づけたと言っても良いだろう。

ただ、筆者はこの場面でいったんこの議論をペンディングしている。これは後から振り返ってみれば、筆者自身もこの論点を救い上げることが重要であることを感じつつ、それはファシリテーターの「誘導」ではないかという危惧を拭い去れなかったからであると推測できる。

筆者：じゃあ、ちょっと待って、待ちましょう。今の文章から落とす、これは残すというふうな話をいったん置いた上で、ちょっと上から戻ってだーっと通して（文章を）見て。皆さん、ここに入れたらいいんじゃない？とか、ここで、もうちょっと書けるんじゃない？という場所がないかどうかを見ながら、ちょっと頭に戻ってみます。（画面のスクロールを）一番上まで戻ってください。

（……中略……最後に発表する方に読み上げをお願いして）

たぶん自分たちの論点を自分の言葉で読まれるので、読んだときに、あれ、この日本語、何か違うって思うことを一回やっていいですよね。ではAグループから……。しゃべっていて、あれ？何か、自分でしゃべっていてあれ？と思ったら、あれと言ってください。

このように熱くなった議論をいったんそのまま、結論づけずにおき、皆で文章を上から順に読み進める作業に移っていった。その中で、Cさん、Dさんによる「脱炭素化にむけて社会が動いていく中で、その動かす仕組みのなかに組み込まれる労働者の生活の質にも目を配りたい。そう考えると急激に押し進めることが必ずしも良いとはいえないのではないか」という発言や「社会が大きく変革していこうとする時に、その選択肢を選ばない人がいたとして、その人を周りが責め立てるような社会の風潮が気に掛かる」という発言が次々と生まれた。それにさらに呼応する形で、Eさんが「社会の中で孤立しないようにしなければいけない」という表現はどうか、という提案をしている。筆者はこの言葉を積極的に拾い、こう続けている。

図2　全体討議の様子

筆者：脱炭素化に向けて私たち、動いていかなければならないという基本はたぶん共有されていますね。そこに反論している人はいませんね。という状況で、こんなことが大事だ、こんなことが大事だとたくさん言ってきたけど、その中で誰かが孤立したり、誰かが置いていかれたり、何かそういうことはないように進めることが何よりも重要だと考えますというような文章が、最後にあるようなイメージですね、きっと。何だろう……。
Eさん：社会の中で孤立しないように。
筆者：社会の中で孤立しない……
Eさん：孤立しないように、孤立しないように……
筆者：頑張ってください。せっかくいい論点だと思うので、そのままの言葉を出したらきっとみんなが手伝ってくれると思います（笑）。

Eさん：孤立しないように気をつけていかなければいけないと考えます。

前述の箇所で、他の人の意見に同意することで、初めて発言したEさんが、主体的に議論に加わった瞬間だった。Eさんがこのような形で言葉を形作ってくれた時、筆者は、冒頭のエピソードに示したような、これまで幾度となく立ち会ってきた、言葉になりきれない声を、みんなで聴き、そこに声を重ね合わせながら、言葉として紡いでいく姿を感じたのだと思う。そしてすかさず、別の参加者が、『気をつけるをかっこよく、配慮にする？』とつないでくれ、「脱炭素化に向けて行動しない人が、社会の中で孤立しないように配慮」すべきという、結論に盛り込まれた一文が完成したのである。

4　何のためのミニ・パブリックスなのか

輿論を創り、新しい「知」を創造するためのミニ・パブリックス

市民パネルの実行委員の一人である政治学者の田村哲樹は、市民パネル報告書の中で、この市民パネルの議論は、元々は「見知らぬ他者」である市民同士、また専門家と市民が、「私たち」として「共有するもの」を作り上げていくプロセスであったと指摘している。もちろんこのプロセスは必ずしも平坦なものではなく、軋轢を引き起こす場面もあった。グループの議論は必ずしも全てが和やかな雰囲気で進んだわけではなく、ときに強い感情を参加者に引き起こし、口論といえる状況に陥った場面もある。しかしそれらのプロセスにより、市民パネルの場は、新しい「知」を創造していくプロセスを通じて、「私」ではなく「私たち」の言葉を作り出す装置として機能したのである。

また田村は「『共有』と『目標実現』との緊張関係」という言葉で、共有できる結論のためには多様性を考慮に入れざるを得ず、一方で、多様性の尊重は目標（今回でいえば早急な脱炭素社会への移行）から遠ざかる市民参加者のジレンマを表現している。脱炭素社会の実現という重要な目標達成のための取り組みが、その枠の外にある社会、将来世代の人びとや、日本以外の気候変動問題の影響を強く受ける地域の人びとの価値観を阻害する可能性があるというジレンマ。そのような課題も織り込んだ上で、この市民パネルの取り組みは、そこに参加する市民が多様な論点や事実認識を共有し、「私たち」の合意と、「私」の意見の良い意味での「すり合わせ」をすると同時に、その場にいる私たちの合意が、この場にいない他者の権利を侵害していないかについても想像するプロセスであったともいえる。

気候変動問題のように地球規模での天変地異を引き起こす複合的なリスクの問題は、さまざまな主体がそこに関わり、また影響を受けるため、わかりやすい「言葉」でそのリスクや対策の功罪を語ることは難しい。しかしだからこそ、ミニパブリックスの手法を用いて、さまざまな異なる価値観が存在することを前提としつつも、よりよい社会を実現するために共有できる価値を言語化し、耐性をもつ言葉を作り出すことに意味があるのだろう。

ミニ・パブリックスのオープンサイエンス

そしてもう一つ重要なことは、今回の市民パネルで行われたように、単なる結論にだけ目を向けて市民の声を可視化するのではなく、プロセスも含めてそのすべてをオープンにし、それを研究として俯瞰的に検討することである。

本書でさまざまな形で取り扱われるオープンサイエンスの試みは、実践活動であると同時に研究活動である。本章で取り扱った事例でいえば、ファシリテーションという重要でありつつも脆弱な立ち位置にある社会的機能を、実践者の評価のみに委ねるのでなく、社会に公開される研究活動との両輪によって丁寧に吟味し、その進展を促すことに意味があるであろう。

特に、気候変動問題のように空間的・時間的広がりが大きく、また、「すべて」の人に正なり負なりの影響が及ぶ問題を考える場面においては、そのようなアプローチに大きな意味がある。ミニ・パブリックスの手法を用いて議論の場を多くの人にオープンにするのみならず、その結果を公開し、そして多角的に見直し続けるという意味でオープンにし続け、よい政策に結びつけることが何よりも肝要なのである。

これらの試みを通じて、社会が一歩ずつでも変化していくことを実感し、市民がエンパワメントされること。これにより単なる社会課題の解決を目指すのではなく、むしろ社会そのものを市民の手に取り戻す手段としてのオープンサイエンスが、立ち上がるのではないだろうか。

文献

脱炭素社会への転換と生活の質に関する市民パネル実行委員会 2019「脱炭素社会への転換と生活の質に関する市民パネル報告書」https://eprints.lib.hokudai.ac.jp/dspace/handle/2115/73624（情報取得2024/11/03）

三上直之 2022『気候民主主義――次世代の政治の動かし方』岩波書店

OECD（経済協力開発機構）Open Government Unit 2023『世界に学ぶミニ・パブリックス――くじ引きと熟議による民主主義のつくりかた』日本ミニ・パブリックス研究フォーラム訳、学芸出版社

日本科学未来館 2019「世界市民会議『気候変動とエネルギー』ミニ・パブリックスのつくる市民の声」『日本科学未来館・展示活動報告書』*11*.

注

［1］ 筆者は、メインファシリテーターを務めた。また、グループファシリテーターは、筆者と共同研究を行うチームのメンバーが担当した。討論での発言内容は全て録音・録画し、逐語的なトランスクリプションを作成した。このトランスクリプションが本章の分析対象となるデータである。また、主要な論点に関する質問からなる同一の質問票調査を、募集時、市民パネル当日の討論前ならびに討論後、事後の合計四回実施した。

第Ⅱ部　地異編

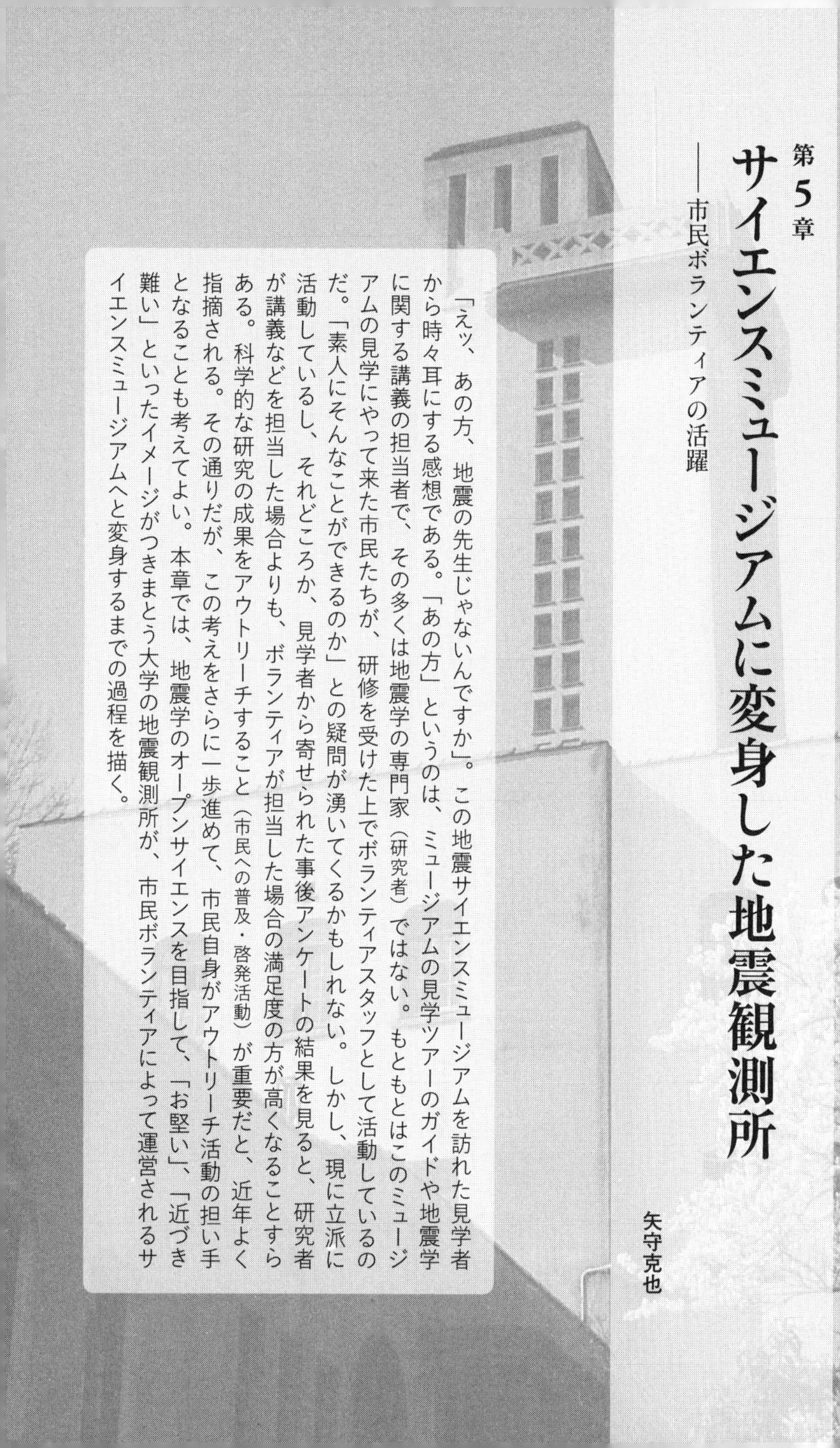

第5章

サイエンスミュージアムに変身した地震観測所

——市民ボランティアの活躍

矢守克也

「えッ、あの方、地震の先生じゃないんですか」。この地震サイエンスミュージアムを訪れた見学者から時々耳にする感想である。「あの方」というのは、ミュージアムの見学ツアーのガイドや地震学に関する講義の担当者で、その多くは地震学の専門家（研究者）ではない。もともとはこのミュージアムの見学にやって来た市民たちが、研修を受けた上でボランティアスタッフとして活動しているのだ。「素人にそんなことができるのか」との疑問が湧いてくるかもしれない。しかし、現に立派に活動しているし、それどころか、見学者から寄せられた事後アンケートの結果を見ると、研究者が講義などを担当した場合よりも、ボランティアが担当した場合の満足度の方が高くなることすらある。科学的な研究の成果をアウトリーチすること（市民への普及・啓発活動）が重要だと、近年よく指摘される。その通りだが、この考えをさらに一歩進めて、市民自身がアウトリーチ活動の担い手となることも考えてよい。本章では、地震学のオープンサイエンスを目指して、「お堅い」、「近づき難い」といったイメージがつきまとう大学の地震観測所が、市民ボランティアによって運営されるサイエンスミュージアムへと変身するまでの過程を描く。

1　地震学のサイエンスミュージアムを作る

サイエンスミュージアム計画の誕生

本章では、京都大学防災研究所阿武山観測所を舞台として、筆者らが一五年近くにわたって実施してきたプロジェクトについて紹介する。この試みは、それまで純粋な研究施設であった地震観測所を、地震学に関するサイエンスミュージアム（科学博物館）としてリニューアルする活動を中核として、地震学にオープンサイエンスの要素を注入することを目標として実施したものである。このユニークな試みには、筆者（防災心理学が専門）、地震学の研究者、地震観測に関わる技術スタッフ、ミュージアム運営や展示の専門家、自治体関係者に加えて、最も重要なプレーヤーとして、後に「阿武山サポーター」と呼ばれることになるボランティアスタッフ（一般市民）が深く関与している。

サイエンスミュージアム計画を構想した二〇一〇年当時、阿武山観測所は存続の危機に直面していた。各地に点在する地震観測点を文字通り足で稼いで運用する地震観測体制は過去のものとなり、リモートでより手軽に管理できる観測ネットワークが全国に張りめぐらされた。その結果、旧来型の観測網の中枢を担い、かつ、大きな施設維持費用を要する同観測所は「役割を終えたのでは？」とされたのだ。

この状況に対して、筆者らが打ち出した構想は「この観測所を純粋な研究施設としてだけではなく、当時注目され始めていたオープンサイエンスの要素を地震学に導入するための拠点として活用することで再生できないか」というものであった。地震学と社会（市民）との距離を縮めるためにも、また、東日本大震災の発生後急速に膨らんだ地震学に対する社会（市民）の不信（地震学会 2012）を克服するためにも、社会の中の地震学のポジションを根本から変革するような何かが必要だと考えたのだ。当時の計画書には、「単に学術研究のための存在にとどめることなく、地震学史を語るサイエンスミュージアムとして、広く一般に開かれ、地域に密着しながら、より多くの人に学びを提供する施設として生まれ変わらせることができる」と記されている（阿武山サイエンスミュージアム構想プロジェクト 2011）。

阿武山観測所とは？

阿武山観測所（図1）は、大阪府高槻市の郊外、阪神・淡路大震災の震源断層とされる六甲・淡路断層帯を東へ延長したライン上にある有馬・高槻断層帯のほぼ直上、大阪平野を一望する小高い山上に位置している。同観測所は、今から約九〇年前、一九三〇年（昭和五年）に建設された。昭和初期のモダンな雰囲気を湛えた建物は、二〇〇七年（平成一九年）に「注目すべき近代化遺産」として大阪府の報告書にも記載された。また、藤原鎌足が埋葬されているとされる阿武山古墳とも接して立地していることから、歴史学、考古学的な注目も集めている。観測所周辺は、大阪近郊にしては深い森に包まれていて、その自然環境に興味をもって訪れる人たちも少なくない。

長い歴史をもつため、阿武山観測所には、日本における地震学の草創期に導入され、その後の地震学の発展を支えた歴史的価値のある地震計が当時の姿のままで多数保存されている。これが「ミュージアム」（博物館）というコンセプト誕生の鍵となった。一例を挙げれば、水平・垂直それぞれの方

図１　阿武山観測所の外観

向の揺れを計測するユニットが約一トンもある巨大な初期の「ウィーヘルト地震計」（最近の地震計は、その一〇〇〇分の一、約一キロである）、米ソ冷戦時代に核実験の察知目的にも使われた米国製の「プレス・ユーイング式地震計」などである。なお、これらの地震計について詳しくは、本プロジェクトを契機として誕生した特定非営利法人（ＮＰＯ）の公式ホームページ（阿武山地震・防災サイエンスミュージアム 2022）を参照されたい。

　サイエンスミュージアム・プロジェクトの企画にあたっては、こうした機器を有効活用することを考え、最初の取り組みとして、歴史的な地震計を一般市民に見学してもらうための機会――「阿武山オープンラボ」と命名――を設けた。その第一回を二〇一一年四月に予定し準備していたまさにそのときに東日本大震災が発生し、一時は開催が危ぶまれた。しかし、当時社会を席巻し、今も根強い「地震学は社会の役に立っているのか」との声に代表される科学と社会の摩擦・軋轢を踏まえるなら、今こそ、科学と社会、あるいは科学者と市民の関係を根本から再構築することを目指した試み――オープンサイエンスの視点の導入――をスタートすべきではないか。そのような考えから、第一回の「阿武山オープンラボ」は予定通り、東日本大震災の発生から約一カ月後に開催されることになった。

その後、「オープンラボ」を含むサイエンスミュージアムに関連する市民参加型のイベントは、形や名称を変えながらも、二〇一一年度から二三年度までの一三年間に合計七〇〇回開催された。近年では、年間五〇から六〇回程度、言いかえれば、毎週一回程度は何らかのイベントが開催されていることになる。この間、観測所を訪れた来訪者数は合計でのべ二万三二九〇人（年平均で約一七九〇人）にのぼっている。このプロジェクトの開始前は、一般の来訪者がほぼゼロであった施設に、これだけの市民が訪れるようになったわけである。

「阿武山サポーター」

ここで、このプロジェクトの要である市民ボランティアについて記しておこう。数多く訪れるようになった見学者の対応、具体的には、地震学に関する基礎的なレクチャーと館内見学のガイド役のほとんど（九割以上）は、「阿武山サポーター」と呼ばれる市民ボランティアが担っている。「サポーター」の活動人数は、近年では年間のべ一〇〇〇人を越える規模にまで達している。「阿武山サポーター」は、観測所の公募による募集に応じて、かつ、観測所が主催する研修講座を受講して、地震学に関するレクチャーや館内見学のガイド役を担当する資格を得た市民ボランティアである。その多くは、当初、「オープンラボ」の見学者として観測所を訪問した、ごくふつうの市民であり、地震学の専門家ではまったくない（矢守・岩堀 2016）。

二〇二三年度末の時点で活動中の「阿武山サポーター」は約二五人である（これまでの一三年間では約八〇名が登録）。そのほとんどは上述のＮＰＯにも所属している。うち男性が二〇人を占め、定年

表1 「阿武山サポーター」への応募動機（主なもの、年齢は応募時点）

①定年後、何か自分の関心のある事を学びたいと思っていました。特に最近、東日本大震災の発生を機に、関東直下型、東海、東南海、南海地震の可能性など、マスコミも恐怖心を煽るような記事や番組を連日伝える中で、正しい知識や科学的根拠に基づく予知技術などを具体的に学び、伝えたいと考えました。(60歳代・男性) ②高校で地学や、生物を教えてきて、東北日本の大震災もあり、地震津波などの災害防災、地球環境問題などなどに興味関心が深く、阿武山観測所のサポーターとして何かボランティアでお役に立てればうれしい限りです。(60歳代・男性) ③夫が昨年申し込んで、生き生きやっているので、私もお掃除や受付だけでもいいので、共に行動して何か少しでもお役にたてたらと思って申し込むことにしました。(60歳代・女性) ④阿武山地震観測所は、自宅から望むことができ、以前からどのような観測を行っているか興味がありました。今回観測所の業務概要や観測の歴史など教えていただけると伺ったこと、またボランティアを通じて地域の方との交流や防災などへの貢献ができればと思い応募させて頂きました。(50歳代・男性) ⑤昔から地震など地球現象に関心があること。幼年期から阪急電車で遠くに見える阿武山の地震観測所への興味が残っていること。(60歳代・男性) ⑥観測所のすぐそばに住んでいて、建物やあたりの雰囲気に親しみを感じています。自治会主催の見学会にも参加しました。とても興味をひかれました。まだまだ元気で活動しています。教師もしていましたので、声をだすこと、わかりやすく説明することには自信があります。(70歳代・女性) ⑦地震学（活断層や地震考古学）に興味があり勉強しています。昨年、貴観測所のオープンラボに参加させていただき、サイエンスミュージアム化構想の説明や地震学・観測機器など見学しました。(60歳代・男性) ⑧理系のボランティアに興味がある。阿武山で森林ボランティアを行っているので以前から施設に興味があった。(50歳代・男性) ⑨地震現象の測定に興味があります。特に測定器の特性、地震波の伝播特性について知りたいところです。この機会が絶好と考えております。(70歳代・男性) ⑩高槻の古代遺跡のボランティアガイドを行っています。遺跡の中で伏見地震の被害を受けた今城塚古墳や昼神車塚古墳があり、伏見地震や有馬高槻地震帯に興味をもつようになりました。(70歳代・男性) ⑪子どもの頃から地震観測所を眺めてきた。環境カウンセラーの資格をもつ。自然環境に関心をもつ。(70歳代・男性) ⑫近畿・畿内を震源地とする大地震により被害があったことを知り、今後予想される紀伊半島沖の南海トラフ地震以上に近隣の畿内の直下型地震に興味を持った。地震についてもっと知り、防災・減災につなげたいと思った。(60歳代・男性)

退職後の人が多い。平均年齢は七〇歳を超えるが、メンバーは非常にアクティヴで、地震計の名称からとった「ガリチン会」という名称の独自組織を結成し相互交流や情報交換をはかると同時に、自前のブログも作成するなど外部への情報発信にも力を入れている。また、二〇二一年に発足したNPOは、役員に「阿武山サポーター」と地震学などの研究者がともに名を連ねて、オープンサイエンスとしての地震学を推進するための新たなプラットフォームとして機能し始めている。

後の考察とも関わるので、サポーターへの応募動機を表1にまとめておいた。これらは、サポーター研修講座で実施したアンケート調査から抜粋したものである。地震観測研究、観測所の建物や周辺環境に対する興味、仲間との交流、社会への貢献など、多様な関心・動機から応募がなされていることがわかる。

2 「阿武山サポーター」の三つの活動領域

地震学にオープンサイエンスの性質を導入するという目的に照らしたとき、「阿武山サポーター」の活動は、次の三つの領域から成っていると考えることができる。

第一の領域は、〈解説・観覧〉である。地震学や観測機器に関する〈解説・観覧〉は、それ自体としては、先に述べたアウトリーチ（教育啓発活動）の範疇に入る活動である。つまり、そこには、「科学者など専門家（＝教育する人）」対「市民（＝教育される人）」という伝統的な構図が残っているともいえる。しかし、そのアウトリーチ活動における伝え手（教授者）のポジションを市民（「阿武山サポーター」）が担っている点、すなわち、これまで専門家が担ってきた地震学に関する教育啓発活動に市民が一役買っている点に注目すれば、それは、オープンサイエンスにあたる試みだと考えることができるだろう。

第二の領域は、第1章で、天文学や生態学を例にとって述べた通り、これまでオープンサイエンスの中核となってきた〈観測・観察〉である。阿武山観測所は、サイエンスミュージアムとしても機能し始めたわけだが、本来の観測・研究機能をすべて失ったわけではなく、今も現役の地震観測所である。〈観測・観察〉とは、その本体活動、つまり地震活動の〈観測・観察〉に対する「阿武山サポーター」の関与という意味である。具体的には、阿武山観測所が中心となって進めてきた内陸地震に関する観測活動——通称、「満点計画」（詳しくは、第6章）——に「阿武山サポーター」を含む市民が参加している。

第三の領域は、〈解析・解読〉である。これは、〈観測・観察〉をさらに一歩進めたもので、上述の「満点計画」で得られた地震波形データの読み取り作業に「阿武山サポーター」が参画する活動である（この点も、詳しくは第6章を参照）。また、第8章で取り上げる「みんなで翻刻《ほんこく》」プロジェクト、すなわち、古文書に描かれた地震活動の記録を読み解く市民参加型活動も、ここで〈解析・解読〉と呼んでいる活動の例である。こうした〈解析・解読〉には、科学を「学ぶ」（learn science）というステージからさらに進んで科学を「（共に）なす」（do science）ことを中核とするオープンサイエンスの特徴がより鮮明に現れている。

〈解説・観覧〉

「阿武山サポーター」の活動の基本は〈解説・観覧〉である。具体的には、地震学や地震観測に関する基礎的なレクチャー（標準一時間程度）、および、多数の歴史的な地震計が設置された館内のガイドツアー（標準一時間程度）が、それにあたる。この二つから構成される見学プログラムを、サポーター数名が担当する（図2を参照）。本章の冒頭にも示したように、市民、つまり、サポーターによる〈解説・観覧〉は非常に好評で、見学会の終了後に実施されるアンケート調査の結果、観測所のスタッフ（専門家）が案内したケースよりもサポーターが担当した場合の方が来場者の評価が平均して高い（ときには、はるかに高い）といった苦笑いしたくなるようなエピソードも報告されている（矢守・岩堀 2016）。

図2　観測所内をガイドする「阿武山サポーター」

当初、観測所内に限られていたサポーターによる〈解説・観覧〉活動が、近年、新たなステージに入っていることも特筆される。その一つは、観測所外での活動であり、この事実は「阿武山サポーター」のサイエンスコミュニケーターとしての実力が観測所外からも公認されつつあることを示している。代表的なものが、「ペットボトル（簡易）地震計」製作のワークショップで、二〇一三年度から開始された。これは、主に子どもを対象としたプログラムで、企画・運営などをすべてサポーターが担っている。阿武山観測所内でも実施されているが、大半は、「人と防災未来センター」（神戸市）など、他のサイエンスミュージアムからの要請を受けて所外で実施されている。

さらに、二〇一八年には、地震学会の年次大会でサポーターの活動が取りあげられ、サポーターの代表者が自ら活動内容についてプレゼンしている（地震学会 2018）。さらにその翌年（二〇一九年）の年次大会では、学会の公式エクスカーションの対象地として阿武山観測所が選定され、地震学会員が見学のために来所している。このときの〈解説・観覧〉ももちろんサポーターが担当している（地震学会 2019）。

加えて、二〇二二年には、京都大学防災研究所桜島火山観測所から、「アウトリーチ活動に阿武山サポーターの知恵と経験を借りたい」との要請があった。これを受けて、桜島観測所の火山研究者、桜島火山周辺で活動してきたジオガイドなどの市民団体と「阿武山サポーター」との間で、相互訪問や共同学習会などが実施された。すでに、桜島観測所の施設内展示や見学コースなどの設定やリニューアルなどに「阿武山サポーター」による知恵と経験が生かされている。

以上のことは、これまで、科学者（地震学の専門家）が担ってきた地震学に関する教育・啓発活動は、一般市民と「共になす」ことが十分可能だ――このように科学者の側が認識したことを示している。たしかに、この後述べる、〈観測・観察〉や〈解析・解読〉などとは異なり、〈解説・観覧〉は地震学の本体部分への市民の関わりとしては小さいかもしれない。しかし、科学者の役割の一端（アウトリーチ活動）を、通常はその対象（受け手）の側だとされている市民自身が担っている点に注目すれば、これも、科学者と市民が科学を「（共に）なす」態勢、すなわち、オープンサイエンスへ向けた一歩だといえよう。

〈観測・観察〉

「阿武山サポーター」の活躍は、〈解説・観覧〉だけにはとどまらない。オープンサイエンスに直結する活動として、観測所が実施してきた最先端の地震観測研究や、先述した「満点計画」における〈観測・観察〉にサポーターが参画している点は、特に重要である。「満点計画」は、通常の地震観測網とは異なり、地震活動が活発な地域に集中的に、きわめて高密度に地震計を配置して、これまでにない精度で内陸地震活動のメカニズムについて探る地震研究である（第6章）。この研究計画のために、これまでの地震計と比べて圧倒的に安価で、設置やメンテナンスが容易な新型地震計「満点地震計」が新たに開発された。この「満点計画」の実施センターの役割を担ったのが阿武山観測所であった。

図３　大阪府北部地震直後に地震計を設置する「阿武山サポーター」

しかし、「満点計画」には克服すべき大きな課題があった。膨大な量の地震計を設置するための土地の確保や地震計のメンテナンス業務である。そこで、筆者らは、これらの活動を地震学に関心をもつ一般市民（子どもを含む）や地震計が設置されることになる地域の住民とともに共同で実施する仕組みづくりを進めた。地震学への理解や地震防災への関心を高めてもらう意味でも有効だと思われたし、地震学と社会との摩擦・軋轢を緩和するための一助にもなると考えたからである（子どもを対象にしたプログラムについては、岩堀ら（2015）を参照）。

「満点計画」における「阿武山サポーター」の活躍の舞台は、主に、鳥取県西部地震（二〇〇〇年）と大阪府北部地震（二〇一八年）の余震観測活動である。その経緯や詳細は第6章に報告されている通りで、いずれの地域でも「阿武山サポーター」は、余震観測活動に対する地域住民の理解醸成、地震計の設置場所の確保、地震計の準備、地震計の設置作業（図3）といった重要な〈観測・観察〉活動を、研究者とともに共同実施した。地震発生直後の余震観測は地震学にとってきわめて重要な意味をもち、迅速な地震計の設置が要請される。こうした〈観測・観察〉の領域でも市民が研究活動を支えたわけである。

〈解析・解読〉

「阿武山サポーター」は、上述した「満点計画」から得られる地震データの読み取り活動や整理活動、すなわち、〈解析・解読〉の領域にも関与している。観測活動によって得られたデータの〈解析・解読〉は、一般市民が科学的知識を単に学ぶのではなく、科学的知識を生み出すための活動本体に参加するという意味で、オープンサイエンスにとってさらなる重要な一歩として位置づけられる。

そもそも、地震データの解析において、一番基本となるのは地震の震源を決めることである。そのためには、各観測点にいつ地震波が到着したかを精度よく「読み取る」必要がある。これは、一〇〇年も前から行われている作業であるが、現在も、そのすべてを機械化（自動処理化）することは困難である。特に、「満点計画」の基本コンセプトは、地震データを大量に取得することであり、その分、「読み取り」に要する作業量も膨大になる。そのため、研究者だけが関与する従来の体制では立ちゆかなくなり、ここにも市民参加が求められたのである。

「満点計画」に関する〈観測・観察〉にも精通している「阿武山サポーター」に、データの読み取り作業への参画を呼びかけたところ、多くのサポーターの賛同を得ることができ、専門家による講習会を実施した上で、二〇一六年度からサポーター数名による作業が開始された。こうして始まった阿武山観測所における〈解析・解読〉は、これまで七年間にわたって継続しており、作業にあたったサポーターののべ人数は二〇二二年度までで一二七〇人にのぼっている。また、こうして得られたデータは、鳥取県西部地震、大阪府北部地震など内陸地震の発生メカニズムに関する学術的解析に供せられている（詳細は第6章を参照）。

3　三種類のサイエンスリテラシー

〈プラクティカル〉・〈シビック〉・〈カルチュラル〉

シェン（1975）はサイエンスリテラシー、つまり、科学的な知識やそれを運用する力を三つの種類に分けている。〈プラクティカル〉（practical science literacy）、〈シビック〉（civic science literacy）、〈カルチュラル〉（cultural science literacy）、以上の三つである。この分類を参照することで、阿武山観測所でのサイエンスミュージアム計画、および、その中核となっている「阿武山サポーター」が成し遂げてきたことの意味をより明確にすることができる。

〈プラクティカル〉とは実用的なサイエンスリテラシーを意味し、地震学の領域でいえば、耐震補強の方法、緊急地震速報の利用法といった実用的な知識・技術や、その背後にある科学的知識を身につけることに相当する。次に、〈シビック〉とは民主主義の担い手としての市民に求められるリテラシーを意味している。つまり、当該の科学領域の活動や成果物が、市民の多くが有する常識的な価値観と適合し、また民主的な社会の運営と整合する形で社会に組み込まれているかに関心を払い、問題ありと認めればそれを告発するための力に相当する。地震学の領域でいえば、まさに東日本大震災の後に厳しく問われたこと、たとえば、「原発事故を引き起こした巨大津波は本当に予測できなかったのか」、「事前の津波対策を決定するプロセスで科学（者）は適切な役割を果たしたのか」といった問いかけをなすためのリテラシーである。最後に、〈カルチュラル〉とは文化的なサイエンスリテラシーを意味し、科学的な情報を知的な娯楽や楽しみとして受け入れ、それを学ぶこと自体に歓びを見いだすことと位置づけることができる。

ここで問題となるのが、地震学では〈プラクティカル〉および〈シビック〉については容易にその具体例を想起し例示することができたのに対して、〈カルチュラル〉についてはそれが困難だという点である。すなわち、少なくとも現在の日本社会において、地震学は社会に実用的な知識を提供する科学としては受け入れられている。また、特定の組織・団体だけを利するような形で、その知が利用されていないかについて市民が注意を払うべき対象としても位置づけられているといえる。他方、地震学は、市民が知的な楽しみを享受する科学としては、天文学や生態学などと比較して、十分成立しておらず、このことが地震学のオープンサイエンス化にとって足枷の一つになってきたと思われる。

「阿武山サポーター」――〈カルチュラル〉への志向

よって、裏を返せば、地震学に関するサイエンスリテラシーのうち〈カルチュラル〉な要素に、より強く力点をおくことによって、地震学におけるオープンサイエンスを推進できると考えられる。その意味で、「阿武山サポーター」による活動が、〈プラクティカル〉、〈シビック〉よりも、むしろ〈カルチュラル〉の側面に強く関連する性質をもっていることは注目される。このことは、先に表1に示した「阿武山サポーター」への応募動機を見てもわかる。まず、〈シビック〉に分類可能な応募動機は見あたらない。多くの応募動機が地震学への興味・関心に言及しているが、実践的な地震防災対策、すなわち、〈プラクティカル〉な面（防災上の有用性）への言及は、「防災などへの貢献」（動機④）、「防災・減災につなげたいと思った」（動機⑫）くらいである。それよりも、「科学的根拠に基づく予知技術など、具体的に学び」（動機①）、「高校で地学や、生物を教えてきて」（動機②）、「昔から地震など地球現象に関心がある」（動機⑤）、「地震学（活断層や地震考古学）に興味があり勉強」（動機⑦）など、全体として、〈カルチュラル〉な面への志向性が強い。

加えて、「阿武山サポーター」の〈カルチュラル〉な要素への志向性が、地震学や地震観測研究だけではなく、観測所の周辺環境がもたらす科学的なもの一般、知的なこと全般に支えられているように見えることも重要である。まさに、科学的な情報を知的な娯楽や楽しみとして受け入れ享受しようとする態勢である。たとえば、「地球環境問題などなど」（動機②）、「建物やあたりの雰囲気」（動機

⑥）、「森林ボランティア」（動機⑧）、「古代遺跡のボランティアガイド」（動機⑩）、「環境カウンセラーの資格をもつ。自然環境に関心をもつ」（動機⑪）といった言葉に、サポーターへの応募動機が狭義の地震学への関心だけでなく、科学・文化活動一般に支えられていることを見てとることができる。
以上のように、科学者だけでなく、科学者とともに市民が科学を「共になす」こと、言いかえれば、〈解説・観覧〉であれ、〈観測・観察〉であれ、〈解析・解読〉であれ、科学的活動の一断面に参画し寄与することは、単に、実務上有用な科学的知識・技術の習得――〈プラクティカル〉――につながるだけでなく、また、科学（者）の「暴走」に歯止めをかけるべく市民の立場からモニタリングすること――〈シビック〉――を担保するだけでなく、それ自体が一つの文化的な活動として、活動に参加する市民に知的な満足や共同する歓びをもたらす。この〈カルチュラル〉な要素をも推進できたことが、阿武山観測所における活動が地震学のオープンサイエンスに新しい局面を拓くための鍵になっているといえるだろう。

科学を通して社会とつながる

最後に、サイエンスリテラシーの〈カルチュラル〉な要素について、その極点に位置すると思われる印象的な事例があるので、磯部（2019）に基づき紹介しておこう。

直接観測に携わった幾多の病友の労も、この書の刊行によって報いられることと思います。この書を手にせらるる方々は、その諸表が単なる数字の羅列ではなく、その一つ一つに観測者の命が刻み込まれていることを知って頂きたいのであります。そしてこの資料を、あらゆる方面に利用し、活用して頂きたいのであります。この書が、いささかでも世に益することがあれば私達の病める命を活かし得たことになるのです。（磯部 2019: 180–181; 傍点は矢守）

これは、一九三〇年（昭和五年）、奇しくも、阿武山観測所とまったく同じ年に、ハンセン病療養所（当時の名称では、国立らい療養所）として設立された国立療養所長島愛生園（岡山県）で長年にわたって継続されてきた気象観測の報告書に登場する一節である。執筆したのは横内武男氏で、一九四四年（昭和一九年）に気象観測所の主任となり、長島気象観測所における気象観測の充実に中心的な役割を果たした人物である。なお、同所での観測は、昭和一〇年から五四年までの四四年間に及び、昭和一二年からは、気象庁の岡山測候所の正式な区内観測所として認定された。まさに、科学者による〈観測・観察〉の一端を市民（ハンセン病療養所の入所者たち）が担っていたのである。上掲の一節には、気象観測という活動を通して、科学と、いや社会と関わり、そこに関与できる歓びが、極限的なケースであるがゆえにきわめて印象的な形で、また切々と表明されている。国の強制隔離政策によって社会との関係を絶たれ、仕事をすることも家庭をもつことも困難であった人びとは、気象観測を通して自分たちが「世に益すること」をなしえていると実感できたのである。

市民が「共に科学する」仲間として、専門家とともに（あるいは、それに代わって）、科学的な知識について解説したり、観測活動に加わったり、データの整理を手伝ったり――こういった活動に対して、「科学者に奉仕しているだけではないか、体のいい無償ボランティアではないのか」といった評を耳にすることもある。第8章でも使われている印象的な言葉を借りれば、「やりがい搾取」だという批判や懸念だ。たしかに、そのような懸念はゼロとはいえず、個々のケースについて十分注意深く実態を見つめ、その上で活動を進めていくべきだと感じる。

しかし、本章で見てきたように、また、最後に紹介した事例に現れているように、科学的な活動に参画することが、市民にとって、人生の喜び、生きがいとなっていることも多い。それは、実用的な知識の取得とか、市民としての責務の遂行とか、まして、科学（者）への奉仕とかいった次元よりも、はるかに深いところに根ざしており、この素朴な、しかし根源的な感覚――「世に益すること」への渇望――こそがオープンサイエンスのベースには存在していることを見逃してはならないだろう。

文献

阿武山サイエンスミュージアム構想プロジェクト 2011「京都大学防災研究所阿武山地震観測所オープンラボ第1回チラシ」

阿武山地震・防災サイエンスミュージアム 2022「特定非営利活動法人阿武山地震・防災サイエンスミュージアム公式ホームページ」https://www.npo-abuyama.org/（情報取得 2024/10/3）

磯部洋明 2019『宇宙を生きる――世界を把握しようともがく営み』小学館

岩堀卓弥・城下英行・宮本匠・矢守克也 2015「正統的周辺参加理論に基づく防災学習の実践」『自然災害科学』34(2), 113-128.

Shen, B. S. P. 1975 Science literacy and the Public Understanding of Science. In S. B. Day (Ed.), *Communication of Scientific Information* (pp. 44-52). S. Karger.

矢守克也・岩堀卓弥 2016「サイエンスする市民」矢守克也・宮本匠（編）『現場でつくる減災学――共同実践の五つのフロンティア』(pp. 49-79) 新曜社

地震学会 2012「意見集『地震学の今を問う』」『地震学会モノグラフ第1号（東北地方太平洋沖地震対応臨時委員会報告）』

https://www.zisin.jp/publications/pdf/SSJ_final_report.pdf（情報取得 2024/10/3）
地震学会 2018「地震学会２０１８年度秋季大会講演プログラム」https://www.zisin.or.jp/wp-content/uploads/2018/12/%e5%9c%b0%e9%9c%87%e5%ad%a6%e4%bc%9a2018%e3%83%97%e3%83%ad%e3%82%b0%e3%83%a9%e3%83%a0.pdf（情報取得 2024/10/3）
地震学会 2019「地震学会２０１９年度秋季大会前後の巡検のご案内」https://www.zisin.jp/org/organization_standing16_janken2019.html（情報取得2020/5/20）

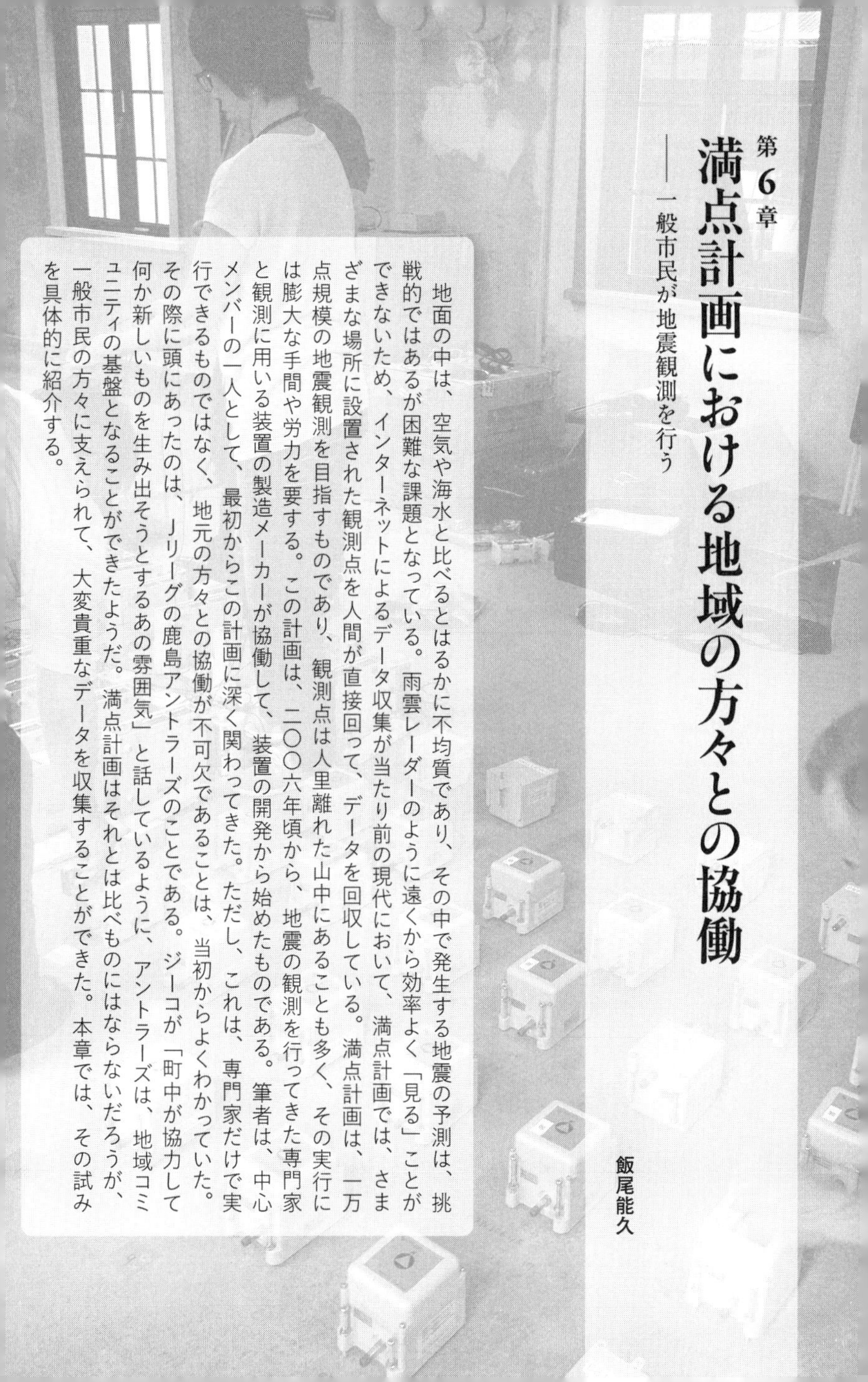

第6章 満点計画における地域の方々との協働

——一般市民が地震観測を行う

飯尾能久

地面の中は、空気や海水と比べるとはるかに不均質であり、その中で発生する地震の予測は、挑戦的ではあるが困難な課題となっている。雨雲レーダーのように遠くから効率よく「見る」ことができないため、インターネットによるデータ収集が当たり前の現代において、満点計画では、さまざまな場所に設置された観測点を人間が直接回って、データを回収している。満点計画は、一万点規模の地震観測を目指すものであり、観測点は人里離れた山中にあることも多く、その実行には膨大な手間や労力を要する。この計画は、二〇〇六年頃から、地震の観測を行ってきた専門家と観測に用いる装置の製造メーカーが協働して、装置の開発から始めたものである。筆者は、中心メンバーの一人として、最初からこの計画に深く関わってきた。ただし、これは、専門家だけで実行できるものではなく、地元の方々との協働が不可欠であることは、当初からよくわかっていた。その際に頭にあったのは、Jリーグの鹿島アントラーズのことである。ジーコが「町中が協力して何か新しいものを生み出そうとするあの雰囲気」と話しているように、アントラーズは、地域コミュニティの基盤となることができたようだ。満点計画はそれとは比べものにはならないだろうが、一般市民の方々に支えられて、大変貴重なデータを収集することができた。本章では、その試みを具体的に紹介する。

編者より——本章の著者飯尾能久氏は、長年にわたって、日本における内陸地震研究を牽引してきた地震学者であり、根っからのサイエンティストである。最先端の地震サイエンスと聞くと、なんとなく無機質で乾いたイメージがするし、一般市民からは手の届かないところにある感じがする。しかし、本章を一読すると、心温まるエピソードや思わずクスッと笑ってしまう失敗談などを通じて、科学的な研究活動も、本当は、「山あり谷あり」、実に人間味あふれる営みであることがわかる。その意味で、本章は、言ってみれば、地震サイエンスの「メイキング」（映画やドラマ撮影の舞台裏をとらえた記録）である。映画やドラマ本編とは別に「メイキング」が私たちを楽しませてくれるように、地震研究がもたらす直接の研究成果やその社会への応用といった話とは別に、地震サイエンスの現場そのものが、実はとても興味深いし楽しいものなのだ。もう一つ比喩を重ねるなら、本章は、建売住宅の販売における「オープンハウス」や、高校生などを対象に大学が開催する「オープンキャンパス」と同じような意味で、地震サイエンスの現場を読者に「オープンサイエンス」していると言うこともできる。他章とはまたひと味違った「オープンサイエンス」のスタイルを味わっていただきたい。

1　満点計画と実施時の課題

満点計画とは？

本章は、地震に関する科学と一般市民の方々の関わりのユニークな例として、満点計画における地元の方々のサポートの実際を詳しく述べるものである。筆者は、大学四回生での課題研究以来、阿武山（地震）観測所で地震学をはじめ色々なことを学んできた。阿武山観測所は、地震の観測について強い自負をもつところであり、きちんとした観測データを自らの手で取ることを最重要課題とするところであった。

私の現在の専門分野は内陸地震であるが、内陸地震がどうして起こるのかという問題は、現在もまだ定説が定まっていない大きな問題である。その理由としては、解明すべき課題に対して、これまでに得られたデータが圧倒的に足らないことが挙げられる。そのため、満点計画では、後述するように地震観測点の数をこれまでと桁違いに増やそうとした。以下の各節において詳しく紹介するように、満点計画では、普通ではあり得ないような地元の方々からのサポートにより、これまで得られなかった高密度の観測点における長期間にわたる大量の高精度の地震データを得ることができた。観測を行う際に、地元のボランティアさん達が成し遂げたこと、各種団体や自治体によるサポート、および、報道関係の方々のサポートの例に注目いただきたい。

これらのことは、通常では決してあり得ないレベルのものだと思われる。実は、得られたデータは、主に基礎研究に用いられるものであり、地元の方々に直接のメリットがあるようには思えない。それでも徹底的に支えてくださったのは、科学に対する期待や信頼によるものなのか、あるいはわざわざ専門家が足を運んだことを喜んでくださったためなのか、よくはわかっていない。本章でフィールドにおいて実際にあったことを具体的に記述することで、オープンサイエンスの特異な事例としての「満点計画」の意義や貴重さがにじみ出ることを期待したい。

地震観測点の高密度化

満点計画とは、従来に比べて地震の観測点の数を飛躍的に増やそうとする計画である（飯尾 2011）。阪神・淡路大震災の後に、地震観測網が強化されたことで、たとえば高感度の観測点は日本中に二〇～三〇キロメートルおきに配置されるようになり、プレート境界型の地震を中心に多くの重要な成果を上げている（小原 2001）。しかしながら、内陸大地震の断層の長さはマグニチュード七で三〇キロメートル程度であり、この状況はたとえば、チューリップの花を撮影するときに、カメラの分解能が一ピクセル一〇センチメートルであるようなもののため、内陸大地震の発生過程や発生予測のためには、上記の観測網のデータだけでは限界があることは明らかである。そのため、観測点の間隔が一キロメートル程度という高密度の観測網をつくることにより問題の解決を図ろうとする試みが二〇〇六年頃に開始された。一〇〇キロメートル×一〇〇キロメートルの地域では、観測点数が一万点となるため、この試みは満点（万点）計画と名付けられた。

満点計画に用いるシステムの開発

地震は平野部だけで発生するものではないので、一キロメートルおきに観測点を配置するとなると、道路や電気の無い山中にも観測点を設置する必要がある。そのため、観測システムは、小型・軽量・低消費電力で記録容量が大きく簡単に取り扱いできるもの（満点システム）が新たに開発された（三浦ほか 2010）。満点計画で用いる装置の開発は、フィールドワークを行っている専門家と、関西の中小企業群がタッグを組んで行った。筆者は、博士課程の途中で阿武山観測所に助手として採用されたが、最初に担当したのは微小地震観測網であり、そのシステムを構成する重要な装置を開発した近計システム株式会社の地震グループの面々とは、その後も長年にわたってお付き合いをさせていただいている。満点計画の装置開発においても、近計システムの方々と、協力してくださる企業さんにお願いをして回ったことは懐かしい思い出である。

満点システムは、みかん箱程度のプラケースに収まる記録装置と約一〇センチメートル角のセンサー（狭い意味の地震計）および単一乾電池（二四本あるいは三二本）などからなっており、狭い場所でも設置可能である（図1）。これにより、半年に一回程度のメンテナンスで連続してデータを記録することが可能となった。驚くべきことに、それ以前は、通年で観測することは事実上不可能であった。数か月おきにメンテナンスする必要があり、積雪のある地域では冬季にアクセスできないためである。

図1　設置調整中の満点システム（左側の四角いものがセンサー。右側の黒のプラケース内の手前のものが記録装置（蓋を空けた状態）、奥が電池ボックス（単一乾電池八個×四）。ニュージーランド南島において）

満点計画の実施における課題（1）観測点探し

良いシステムが開発され、残された問題は、地震観測点の選定とデータ処理となった。地震観測点の選定においては、固い岩盤が露出しているノイズが小さそうな点を探し、地主の方の了解をいただくという作業を行う。地図上で候補地点を探し、最終的には現地で確認することとなる。その際には当然ながら、アクセスできる道路があるか、あったとして普通の乗用車で通行可能かどうか、ゲートがあり鍵がかかっていたりするかなどさまざまな課題を押さえなければならない。

ところで、内陸地震に関する研究は非常に遅れており、現時点においては、その発生予測はもちろん発生過程についても十分にわかっているとはいいがたい。つまり、満点地震観測は、今すぐ役に立つものではないのだが、地主の方々にはこれまで快く用地の使用を許可いただいている。ただし、地主さんを探すことが大変な場合がある。人家のある街中であれば比較的容易であるが、山の中となると、用地の境界となる目印があまりないからである。この作業は、よそ者にはかなりハードルが高いが、地元の方々にとっては比較的容易である場合がある。

実は、観測点密度を上げることを最優先し、専用の通信回線やインターネットによりデータをリアルタイムで伝送するオンライン観測をあきらめた時点で、定期的に観測点にメンテナンスに通う必要が生じていた。そのため、この試みは、必然的に、人海戦術にならざるを得ないことが決まっていた。よって、「自分たちで観測する」のではなく、「地域の方々と一緒に観測する」ように発想を変える必要があると思っていた。一見時代に逆行しているが、本研究のテーマに関係して、別の意味において、時代を先取りしていたかもしれない。それには、下記のような背景があった。

Jリーグの先駆的な試み——地域との協働

一九九一年にジーコが日本サッカーリーグ二部の住友金属蹴球部にやってきた。実は私は、一九九一年よりかなり前、Ｊリーグのことが世の中にまだあまり知られていない頃に、住友金属に勤めていた義理の兄から、ジーコが鹿島に来るらしいという話を聞いていた。世界のスーパースターが日本の片田舎（鹿島の皆さま申し訳ありません）に来るという話は非常に印象に残っている。その理由をジーコ自身は、「その中の（注：いろいろなクラブからのコーチ就任などのオファーの）一つに、ずいぶんユニークなオファーがあった。それが、一九九三年から始まるプロリーグに参加を表明した住友金属と鹿島からのものだったんだ。日本のサッカーの立ち上げに力を貸してほしい、サッカーでカシマの町おこしを助けてほしいといった内容で、とても魅力を感じたのが最初だった」と語っている（Ｊリーグサッカーキング 2013）。

一九九一年に創設されたＪリーグには、サッカーの水準向上や普及促進に加えて、スポーツ文化の振興なども謳われていた（Ｊリーグ 1991）。活動方針においても、地域の人びとにＪクラブをより身近に感じてもらうため、クラブ施設を開放したり、地域の人びととの交流や、サッカーだけでなく他のスポーツにも気軽に参加できるような機会をつくることが挙げられている。この背景には、（総合型）地域スポーツクラブの意義として、地域コミュニティの形成や子ども達の社会教育の場などが挙げられていることがある（地域スポーツ推進研究会 1999）。ドイツの試みが手本になっているようであるが、ヨーロッパ諸国などでは、総合型地域スポーツクラブは、スポーツ活動の場というだけではなく地域住民の社交の場にもなっており、地域コミュニティの基盤となっているとのことである。

前述のインタビューの中で、ジーコ自身も下記のように述べている。「私はＪリーグに、鹿島に、ゲストとして招かれ、お膳立てされた中でプレーをしたのではない。最も苦しい時代を仲間と、地域の皆さんと一緒に戦って勝利を手にしたんだ。それが、私の生涯変わらぬ誇りだ」。「駅のベンチに座っていると、サインや写真を求められるより、「頑張ってください」、「鹿島をよろしくお願いします」と頭を下げられたものだった。選手だけでも会社だけでもない。町中が協力して何か新しいものを生み出そうとするあの雰囲気が、自分をずっと支えていたんだ。本当に楽しかった。」

このことが、満点計画における地域との協働という発想につながったのだろうと思っている。

満点計画の実施における課題（2）データ処理

満点計画の実際において、もう一つの課題であるデータ処理に関しては、楽観的な見通しを持っていた。計算機のハード・ソフトともに日進月歩だからである。基本的には間違っていなかったと思われるが、見通しは実は少々甘かった。本章においては、この二つの問題に関することを中心に、一般市民の方々を巻き込んだオープンサイエンス的な試みについて紹介する。

2　満点地震観測点の選定と設置

満点計画全体の進捗状況の概観

二〇〇六年頃に装置の開発を始め、二〇〇八年には最初の観測点を設置することができた。現在の主な観測フィールドは、近畿地方中北部、島根・鳥取地方、長野県西部、ニュージーランドである

（三浦ほか 2010; 三浦ほか 2014）。近畿地方中北部と島根・鳥取地方では、小学校の生徒さんとともに観測点を設置し、メンテナンスは小学生が代々受けつぐという体制が現在まで十年以上にわたって続いている（岩堀ほか 2016）。小学校の生徒さんとの協働は、一般市民の方々との協働の最初の試みである。本章では、二〇一四年から二〇一八年にかけて行われた鳥取県西部における観測点の選定と設置活動、および「〇・一満点計画」に焦点をあてて、その取り組みを紹介する。

鳥取県西部における八〇箇所増強と「〇・一満点計画」の開始

二〇一四年に観測点をさらに増強することとなった。科研費の新学術領域「地殻ダイナミクス（二〇一四―二〇一八）」が採択され、鳥取県西部地域の満点観測網を拡充することになったからである。それまでは、島根・広島・岡山・鳥取県にわたる地域に五〇点からなる観測網を設置していたが、米子から日野町にかけて拡がる「二〇〇〇年鳥取県西部地震」の余震域に八〇箇所を増強することになった（飯尾ほか 2017）。

さらに、単年度であるが、一〇〇〇点の観測網を同じ地域に増強する「〇・一満点計画」も行うことになった（松本ほか 2018）。「〇・一満点計画」とは、一〇〇〇箇所（〇・一×一万）の点ということである。一〇〇〇点もの観測点を設置することはこれまで経験がなかった。鳥取県西部地震はマグニチュード七・三、余震域は差し渡し三〇キロメートル程度であり、三〇×三〇キロメートルの領域に一キロメートルおきに設置すると、約一〇〇〇点となる。これは、満点計画の対象地域を一回り小さくしたものであり、〇・一は頭についているが、実は満点計画そのものだといえる。

〇・一満点計画における地元の方々との協働

この試みが、専門家だけでは到底実施不可能であることは、予算が認められた時点でよくわかっていた。データを増やすことを最重要視し、予算の積算においても、観測装置の数を確保することを優先していたからである。観測点調査などを外注する費用も非常に少なく、手弁当的に自分たちでやるような体制となっていた。一万点ではないが、満点計画の原点にたちかえり、地元の方々と協働していくことにあたろうと考えた。

採択通知を受け取ってすぐの二〇一四年七月に、以前からお世話になっていた鳥取県庁の危機管理局を訪問し協力をお願いした。危機管理局には、この計画を県との共同観測と位置づけていただき、全面的なバックアップをいただいた。直接関係する市町村の担当の方々への説明会も、県との共催という形で二度開催させていただいた。

阿武山サポーターとの八〇箇所の観測点選定調査の開始

二〇一四年一一月には、八〇箇所の満点観測点の選定調査を開始した。これにあたり、第5章で紹介されている、高槻市にある京都大学防災研究所阿武山観測所のサポーター（以下、サポーターと略称）にお声がけをしてみた。サポーターは阿武山観測所において非常に熱心に活動しており、実際の観測にも興味があると思ったからである。その道のプロに帯同して、観測点の選び方などを勉強することとなり、サポーターの中から三名が、初めて本格的なフィールドワークに参加することとなった。

三名に限定されたのは、車一台に同乗するためである。選点された八〇箇所のうち、二〇一五年三月二三〜二五日に、五〇点の設置が行われ、サポーター七名が参加した。専門家とペアとなって一つの班をつくり、最先端の観測を実際に担うこととなった（図2上）。

私は大学の教員であり、それまでも学生さんを観測に伴うことが多かった。最近の学生さんは何かと忙しく、フィールドに出る機会はそうは多くない。不慣れなため、どうしても指示待ちになることが多いが、サポーターは専門家の意図をよく理解することに長けており、ものごとがスムーズに進むことが多かった。ある程度は期待していたがこれは大変ありがたかった。その後にも、気の遠くなるような多くの仕事が控えていたからである。

一般向け講演会と満点地震観測ボランティア募集開始

八〇箇所の観測点選定調査に先立つ二〇一五年三月一四日に米子市において、県と共催で一般向け講演会を行い、この地域における地震観測計画の目的や計画を発表した。これは、二〇一七年度に観測開始予定の「〇・一満点計画」への一般市民の方々のボランティアを募ることがもう一つの目的であり、そのための説明会の予告もこのときに行った。マスコミ各社、特に日本海新聞の積極的な広報により、約二〇〇名の参加者の中から、二四名がサポーター活動に興味があり、うち二一名が今後も連絡を希望するとアンケートに回答された。三月二六日に行った第一回ボランティア説明会には四名の方が参加された。日本海新聞では、満点計画に関する専門家の寄稿により、一〇回シリーズの特集も組んでいただいた。

図2　鳥取県西部地域における地震観測風景

左上：米子市の鳥取県西部総合事務所内にお借りした機材倉庫での機材準備(2015年3月)。濃い緑色のジャケットを着ているのは阿武山サポーター。大規模な観測の場合、現地事務所が必要となる。

右上：満点観測点の設置風景（2015年3月、伯耆町溝口にて）。手前二名は専門家。奥の阿武山サポーターが黒のプラケース内の機器を扱っている。

左下：○・一満点観測点の場所探しのための現場実習。地域のボランティアが設置予定点の位置決めと写真撮影を行っている。ウィンドブレーカーには、満点観測中と書かれている。

右下：○・一満点観測点の場所探しのための現地講習会後の記念写真（2016年4月、伯耆町岸本にて）。

三月一四日の一般向け講演会の会場はほとんど満員となり、駐車場に入れない車も出て、騒ぎになったのにはちょっと驚いた。関係の方々の支援のたまものであるが、そもそも、地元の方々が、自分たちの住んでいる地域についての関心が高かったことが背景にあると思われる。「二〇〇〇年鳥取県西部地震」はマグニチュード七・三であり、大きな被害をもたらしたが、人的な被害は非常に小さかった。これは、きっとこのことと無関係では無いだろう。

ボランティア説明会と阿武山サポーターの活躍

二〇一五年六月一四日の第二回ボランティア説明会においては、第一回に続いてサポーターも参加して、ボランティア希望者の個別の面談も行った。参加したのは、ボランティア希望者四名、専門家四名、サポーター三名、鳥取県職員二名であり、サポーターは、観測点の設置時と同様に専門家とペアになり、これまでの経験を生かして、専門家と一般市民の方との間を取りもつべく、専門家のフォロー的な役割を担った。このボランティアの方々は、鳥取県西部地域全体を対象としているので、以下では広域ボランティアと呼ぶ（この日に参加できなかった方も合わせて総勢五名）。

翌日からは、満点計画の新規八〇箇所の中の残り三〇箇所＋一箇所の設置を専門家とサポーターのペアで行った。日野町では、小学生が二箇所の設置を行った。上記の＋一は実は予定になかった観測点である。小学校から、保護者が参観できるところで設置してほしいという依頼をいただき、学校近くに新たに選点を行ったためである。これらにおいては、既にベテランの域に達していたサポーターが重要な役割を果たした。

日野町をモデル地域に設定

ボランティア説明会において、私たちがボランティアの方に依頼したことは、地元の一般市民の方が、専門家抜きで観測点調査を行うという、かなりハードルの高いものであった。そのため、鳥取県や地元市町村の関係の方々と相談し、いきなり鳥取県西部全域で行うのではなく、モデル地域を設定し特定の地域で試験的にやってみようということになった。鳥取県西部地震の発生直後から活動されている日野ボランティアネットワーク（以下、日野ボラと略称）という組織があり、小学校での満点観測でも長年お世話になっている日野町が手を挙げて下さり、九月二三日に、鳥取県・日野町と共催で、日野町限定ボランティア募集説明会を行った。参加者は、ボランティア希望者四名、専門家四名、阿武山サポーター五名、鳥取県職員一名、日野町職員一名、日野ボラ二名である。一一月一七日には、現地でのフィールド講習も含めた、日野町ボランティア講習会も行った（参加者：ボランティア四名、専門家四名、阿武山サポーター三名、鳥取県職員一名、日野町職員一名、日野ボラ一名）。

軌道に乗ったボランティア活動

これから冬季に入るというタイミングではあったが、その後観測点調査は一時止まっていた。一一月の講習会の後、選定調査の開始にあたって、日野町では、ボランティアが調査に入ることが町内に無線でアナウンスされた。地震観測点の選点調査というものは、一般的には知られていないため、「怪しげ」に見えかねないものである。地元の方とはいえ全ての人と面識があるわけではないので、不審者と誤解されることを避けるために、町の方で配慮いただいたわけである。ただし町内アナウンスによって、当該ボランティアさんにとっては自主的に行うつもりのところに、「やらされている」感が生じたかもしれない。ちなみに、不審者に間違われないように、「満点地震観測ボランティア」と背中に書かれたウィンドブレーカーを用意していた（図2左下）。

二〇一六年に入って準備を加速させ、一月二一日に二回目の関係市町村担当者への説明会、三月六日に満点観測ボランティア第三回講習会（広域のボランティア向け、参加者：ボランティア五名、専門家一名、阿武山サポーター数名）、三月二四日には、作業開始に当たり日野町主催で日野町ボランティア勉強会（参加者：ボランティア四名、日野町職員一名、日野ボラ一名）が行われた。特記すべきことは、とうとう専門家抜きで講習会が自主的に開かれるようになったことである。四月一〇日には、広域ボランティアのフィールド実習（参加者：ボランティア五名、専門家三名、阿武山サポーター四名）が行われ、広域においても作業が開始された（図2下）。六月二八日には、日野町の中の黒坂地区に新たなボランティア組織を作ろうという機運が生まれ、説明会（日野ボラ主催）が黒坂地区で行われた（参加者：ボランティア三名、日野町職員一名、日野ボラ一名）。先に立ち上がった日野町ボランティアの作業の空白地域を埋めるためである。七月一二日には、日野町黒坂地区でボランティア講習会が行われ（参加者：ボランティア四名、日野町職員一名）、黒坂地区ボランティアが活動開始した。九月一二日には、日野町での作業がほぼ終了したのを受けて、日野町でフォローアップの会が行われ、進捗状況や今後の予定の確認などを行った（参加者：ボランティア七名、専門家一名、日野町職員一名、日野ボラ一名）。

広域ボランティア五名は、地元を中心に困難な作業を続け、年内には作業を終了した。平日は仕事があるため、作業は毎週末となることも多かった。五名は別々に動かれていたため、孤独な作業でもある。大きな使命感を持って行っていただいており、ついついオーバーワークとなって、体調を崩されることもあったようだ。選点に関する必要事項やデータの受け渡しなど、防災研究所の女性スタッフがお世話をさせていただいていた。メールでのやり取りではあったが、精神的なサポートも含めて、大いにお役にたったようだ。ボランティアが選定した観測点の総数は、一〇〇〇点中の約三〇〇箇所にも及んだ。これは、私がこの計画以前の約四〇年の研究者人生において自ら選点した観測点の総数をはるかに上回っている。

〇・一満点観測点の設置と慰労会

一般市民の方が単独で観測点調査を行うというハードルの高いお願いであったが、実際には、お願いした以上の働きをしてくださった。地元の利や人脈を生かして、個人の地主さんの了解をいただいたり、公共の施設については役場などに事前に説明をしてくださった。役場の現職員や元職員の方もおられて、難しそうな案件を進めるうえで大きな力添えをいただいた。

二〇一七年四月に〇・一満点の観測点設置が開始され、全ボランティア、多数の阿武山サポーターが参加した。ボランティアの方々は設置においてもサポートどころか、先頭に立って作業し、私たちがついてゆくだけという点も多かった。さらに、設置後のメンテナンスにおいても、計器の保護や動物除けのための柵を設置したり、地主さんからの連絡を仲立ちいただいたりした。草刈りにやられたなどさまざまなトラブルが発生したが、現地で対応いただいたものも多かった。九月二三日に米子市で開かれた一般向け講演会（鳥取県と共催）の終了後に、ボランティアの慰労会を開催し、感謝状の贈呈式を行った。上記の女性スタッフからお渡しするのが良かったのだが、残念ながら都合がつかず、私がやむを得ず代行した。実はこのときに、私は大きな失敗を犯した。感謝状を立派な用紙に印刷していたのだが、大事にしすぎて自宅に置き忘れてきてしまったのである。ＰＤＦファイルがあったので、急ぎコンビニでプリントアウトし、コピー紙の感謝状をとりあえずお渡しした。本物は後日郵送したが、参加者の皆さんの失笑を買った。特に、鳥取県の職員の方にはウケていた。

満点地震観測ボランティア活動に対する周囲の方々のサポート

ボランティアが選点された観測点においては、設置の際にも同行いただくことが多かった。平日の日中に作業することが多く、組織としてサポートいただいたことは、大変ありがたいことであった。二〇一五年三月二八日の日本海新聞一面「海潮音」では、観測の概要やボランティア募集のことを紹介した後に、「多くの人が観測に参加することで、防災・減災に関心をもつ人が増え、意識も向上する。子供たちの中から日本を代表する地震学者が育ってくれたらうれしい。」と結ばれている。鹿島アントラーズに触発された試みは、大変ありがたいことに、実際に地域の方々から大きな応援をいただくことができた。

大阪府北部の地震におけるサポーターの活躍

「〇・一満点観測」は無事終了し撤収が行われ、阿武山観測所には四一〇〇セット近い機材が戻ってきた。そうこうしているうちに、二〇一八年六月一八日に大阪府北部の地震（マグニチュード六・一）が高槻市付近を震源として発生した。これはまさに、阿武山観測所直下で発生した地震であったが、余震域は平野部にも広がっていた。そこは満点観測点が設置されていないところであるため、臨時観測を行う必要があった。サポーター総出で、地元の利を生かし、場所探しや土地交渉から設置までを、ほとんど一手に引き受けて実行した。防災研の職員が先頭に立って観測を進めるのがふつうであるが、この観測においては、職員は単に官用車の運転要員と言っても良い感じだった。

これまで地震観測点を設置してこなかった、ノイズの大きな都市域における初めての本格的な余震観測であり、ノイズの影響を低減するためには、大きめの余震を観測することが重要である。余震活動においては、発生直後に大きめの余震が起こることが多いので、観測点の設置を急いだ。サポーターさんのスキルと人脈は、そのために大いに発揮された。

試験的な解析の結果、さらにデータを収集する必要があることがわかり、二〇二〇年頃から、高槻市や茨木市など地元自治体の全面的な協力もいただき、第二期の余震観測を行った。計画段階においては、地震観測ボランティアを広く募集し、阿武山観測所で講習を行った後、機材を持ち帰って、自分たちだけでご自宅に設置してもらうという構想もあった。残念ながら、コロナ禍のために構想全体は実現できなかったが、阿武山サポーターの中から、初めての地震観測を一人で行う人が出てきた。構想は一部ではあるが実現された。一般市民が、専門家の手伝いではなく、専門家のサポートもなく、たった一人で地震の観測点の設置を行うことができたわけである。

3　満点地震データ処理

地震波の読み取りとは？

地震データの解析において、一番基本となるのは、地震の震源を決めることである。そのためには、各観測点にいつ地震波が到着したかを精度よく「読み取る」必要がある。これは、一〇〇年以上前から行われているが、現在でもまだ引き続き、手動（目視による確認）で行われることが多い。もちろん、近年においては、人間が目で見る前に、計算機による自動読み取りが行われている。特に最近は、ＡＩを活用した高精度の自動読み取りも実用化されている（原・深畑・飯尾 2020）。しかしながら、現時点では、それは真のエキスパートのレベルまでは達しておらず、依然として、人間が最終チェックを行う必要がある。

満点計画の基本コンセプトは、地震データを大量に取得することであり、読み取りにおいても、可能な限り多くの確かな情報を引き出したい。ただし、明瞭な初動（地震の始まり）については自動処理でも問題ないが、やや不明瞭なノイズが大きな信号については目視による確認が必要である。少しでも観測されたデータを生かしたいということで、私たちは、Ｓ／Ｎ比（信号とノイズの振幅の比率）が三倍以上という線を目安としていた。これには、かなりの経験とスキルを必要とする。地震の波を延々と見続ける必要があるため、地味な根気のいる仕事でもある。

サポーターが読み取り

満点計画により、地震の手動読み取りの作業量も飛躍的に増え、データ処理においても、従来のやり方では立ちいかなくなった。阿武山のサポーターは、鳥取県西部での地震観測点の下見や設置にも積極的に参加しているし、より実際の研究に近いことにも興味があるのではないかと思い、声をかけてみたところ、多くの賛同を経て、二〇一六年二月に作業を開始した。ただし、この作業はかなり大変なものなので、当初はアルバイト代が支給されていた。毎年、冬の見学会などが少ない時期に二カ月ずつ、五カ年にわたって行った。最初は六名程度だったが、二〇一九年には最大九名の参加者となり、読み取り用のパソコンの調達に苦労することもあった。実は、その後、研究費がひっ迫し、この仕事もボランティアとなってしまったが、現在も、毎週一日程度の頻度で、継続されている。得られた読み取り結果は、研究にほとんどそのまま用いられると同時に、上記のＡＩによる自動読み取りシステムのトレーニングのための教師データとして、その精度向上に大いに活用されている。

サポーターの「誇り」

京都大学では、京大ウィークスという一般向けの施設公開を全学的に行うイベントがあり、阿武山観測所も毎年参加している。そのための企画を相談する会議において、二〇一九年に、サポーターから、地震の読み取りをしているところを一般の方にプレゼンしたいという提案があった。残念ながら、他の大きな企画がすでに決まっていたため実行できなかったのだが、提案者は、非常に熱心に主張されていた（かなりこだわっていた）。これは、最先端の科学に少し近づくことができたという喜びの表れではないかと思われる。地震観測においても同様だろうが、得られたデータの処理という仕事の方が、より科学的な印象が強いということかもしれない。

4　おわりに

本章では、ケーススタディとして、満点計画と呼ばれる稠密地震観測計画と市民ボランティアとの関係について紹介した。満点計画は、一万点規模の地震観測点を展開しようとする、非常に意欲的な計画であり、そもそもは研究者側の都合から始まったものではあるが、市民参加を必然とするものであった。実際に実現できたのは、一桁少ない規模の観測であったが、阿武山サポーターや地元の皆さんの参加により、専門家だけでは決して実現できないような観測をスムーズに実行することができた。紙面の都合により、お世話になった皆様のお名前を個別に挙げることはできないが、関係の皆様に深く感謝申し上げる。

文献

地域スポーツ推進研究会 1999『スポーツクラブのすすめ』ぎょうせい
原将太・深畑幸俊・飯尾能久 2020「深層学習によるP波検出・到達時刻決定・初動極性決定」『京都大学防災研究所年報』63(B), 69-92.
飯尾能久 2011「次世代型地震観測システムの開発と運用——満点（万点）を目指して」『京都大学防災研究所年報』54

（A）, 17-24.
飯尾能久・米田格・澤田麻沙代・伊藤喜宏・片尾浩・冨坂和秀・長岡愛理・松本聡・宮崎真大・酒井慎一・加藤愛太郎・林能成・山品匡史・大久保慎人・野口竜也・香川敬生 2017「鳥取県西部地域における満点地震観測」『防災研究所年報』*60*（B）, 382-389.
岩堀卓弥・矢守克也・城下英行・飯尾能久・米田格・米山望 2016「防災教育における『伝達型』・『参加型』モデルの関係性――満点計画学習プログラムをめぐって」『災害情報』*14*, 140-153.
Jリーグ 1991「Jリーグとは」https://aboutj.jleague.jp/corporate/aboutj/（情報取得2023/9/10）
Jリーグサッカーキング 2013「アントラーズ パッション」『Jリーグサッカーキング』２０１３年10月号 https://www.soccer-king.jp/sk_column/article/132381.html（情報取得2024/01/08）
松本聡・飯尾能久・酒井慎一・加藤愛太郎 2018「０・１満点地震観測による、地殻活動の可視化に向けて」『可視化情報学会誌』*38*（149）, 7-10.
三浦勉・飯尾能久・片尾浩・中尾節郎・米田格・藤田安良・近藤和男・西村和浩・澤田麻沙代・多田光弘・平野憲雄・山崎友也・冨阪和秀・辰己賢一・加茂正人・澁谷拓郎・大見士朗・加納靖之 2010「近畿地方中北部における臨時地震観測」『京都大学防災研究所年報』*53*（B）, 203-212.
三浦勉・飯尾能久・Sibson, R. H.・岡田知己・松本聡・Pettinga, J.・Bannister, S.・平原聡・中山貴史・中元真美・山田真澄・大見士朗・米田格・濱田勇輝・高田陽一郎・深畑幸俊・小菅正裕・Townend, J.・Reyners, M.・Ghisetti, F. 2014「ニュージーランド南島北部における地震観測」『京都大学防災研究所年報』*57*, 94-101.
小原一成 2001「最近の地震観測網整備について」『自然災害科学』*19*, 397-402.

第7章

市民・学校・行政・研究者の協働によって実現する津波防災実践

――メキシコの事例

中野元太

メキシコ・シワタネホの市役所で「市民防災局はどこですか?」と私が尋ねると、二階建ての建物の階段裏に通された。表に面した消防局の事務所とは違って、日が当たらない薄暗い六畳ほどの事務所である。そこに、いまでは長い付き合いになるラファエル・バルドビノさんの姿があった。当時のラファエルさんは「防災が市民の間に広がらない」と悩んでいたので、私もラファエルさんと一緒に、学校や地域をまわって防災教育に取り組み始めた。そんな中でラファエルさんは、市民の間に地震や津波のメカニズムといった科学的な知識が不足していることを痛感したようである。市民に教えるためにはまず自分から、ということで、彼は大学院に入って夜な夜な勉強をはじめた。科学的知識に関心を持ったラファエルさんを見て、私は理学や工学を専門とする研究者を呼んできて、この章で紹介する科学コミュニケーションを行うことを思いついた。出会ってから五年、ラファエルさんはこう話す。「ただ設置されていただけの市民防災局が、この五年の防災教育の進展で、消防局と対等に市民から尊敬される部局になった」と。いままで市民防災局は消防の陰に隠れて市民には全く認識されていなかったけれども、いまやっと日の目をあびていると、そう言いたかったようである。

1　メキシコでオープンサイエンスを試みる

メキシコも日本と同様で災害が多い国である。太平洋側を中心に地震が多く、一七三四年から二〇一八年までの二八四年間で六〇回以上の津波が記録されている（CAT 2018）。毎年のようにハリケーンも襲来し、大雨や洪水、土砂災害をもたらす。人口二〇〇〇万人超のメキシコシティ都市圏に近いポポカテペトル火山をはじめ各地に活火山があり、降灰や軽石被害が発生する（Alatorre-Ibargüengoitia et al. 2012）。天変地異はメキシコでも市民生活に大きな影響を与える。

地震・津波リスクの軽減に貢献することを目指して、二〇一六年からの約六年間、地球規模課題対応国際科学技術協力プログラム「メキシコ沿岸部の巨大地震・津波災害の軽減に向けた総合的研究」というプロジェクト（以下、プロジェクト）が行われた。代表は京都大学防災研究所の伊藤喜宏准教授で、私はメンバーの一人として科学コミュニケーションを担当した。日本とメキシコの研究者、約七〇名が参画し、理学的研究（地震観測）、工学的研究（津波や避難シミュレーション）、社会科学的研究（科学コミュニケーション）の三つの研究が連携して行われた。最新の理学的・工学的研究成果を、社会でも活用していこうという大きな目標があった。

科学コミュニケーションの舞台となったのは、白砂の美しいビーチが観光客を魅了するゲレロ州シワタネホ・デ・アスエタ市（以下、シワタネホ）である（図1）。人口約一二万人の中規模都市で太平洋に面している。海沿いには、市場、ホテル、学校、銀行があり、低層階の住宅が立ち並ぶ。一九四〇年頃の人口はわずか四〇〇人程度だったが、一九六〇年代以降の観光投資によってホテルやレスト

図1　シワタネホ中心部

ランの建設が進み、労働者が大量に流入した。そのため、シワタネホに古くから住む家族は少なく、過去の津波体験をもつ人もほぼいない。

私は二〇一六年九月からコロナ禍直前の二〇一九年一二月までの約三年間で、約三〇〇日ほどをシワタネホで過ごし、ラファエルさんをはじめとする市民防災局のメンバーと科学コミュニケーションに取り組んだ。この章では、その取り組みを行うなかで感じてきたことを、大きく二つの視点から考えてみたい。一つは、防災に関わる科学（防災科学）が市民の間に普及した社会とそうではない社会とでは、市民による科学への態度はどのように異なるのだろうか、という点である。短絡的に先進国と発展途上国との違いと位置づけることはできないが、日本とメキシコ・シワタネホとの比較を通して、防災科学への身近さや市民による科学への態度の違いを論じていく。

もう一つは、シワタネホのような防災科学が普及していない地域においても、科学者と行政、市民など多様なステークホルダーが協働することによって、共創のオープンサイエンスを実践することはできるのだろうか、という点である。日本のように防災科学が行き渡り、その恩恵も副作用も体験した社会においてだけではなく、シワタネホのような社会における共創のオープンサイエンスがもつ可能性を考えてみたい。

2　防災科学の普及——日本とシワタネホ

日本における防災科学の普及

この章で言う防災科学の普及とは、「防災・災害情報の普及」と「防災知識の普及」の二つのことを指している。既に第2章で詳述されているように、日本における防災・災害情報の高度化・リアルタイム化・オープン化は著しく進んでいる。台風接近時には、細かく進路や風雨の想定が伝えられ、リアルタイムで「氾濫危険水位」といったリスクを知ることができる。市民の誰もが、ハザードマップといった科学に基づく地震・津波・洪水・土砂災害の防災気象情報にアクセスすることができ、緊急地震速報や避難情報はプッシュ型でスマートフォンやテレビに表示される。地震が起こると日本地図とともに震源と震度分布が表示される。例示すれば枚挙にいとまがないが、これらの防災・災害情報は科学に立脚し、市民はあらゆる媒体でこれらの情報に接する。この意味で、防災・災害情報が後に述べるシワタネホとは相対的に、広く普及しているといえる。

防災知識、すなわち基礎的な理科的知識や防災一般に関する知識の普及も進んでいる。令和二年度国勢調査（総務省統計局 2022）によると、就学中の人口を除く一五歳以上の七三・一％が高校卒業以上である。また、日本は経済協力開発機構ＯＥＣＤの学習到達度調査（ＰＩＳＡ）において、ＯＥＣＤ加盟国を対象とした結果では、二〇一八年も数学的リテラシーおよび科学的リテラシーが世界トップレベルであった（OECD 2021）。防災一般に関する知識も普及が進む。学習指導要領では災害メカニズムや災害への備えについて段階的に教えることとされている。文部科学省が所管する九九・七％の学校では災害安全についての指導が行われている（文部科学省 2021）。一九八四年から二〇一七年までの内閣府による世論調査の結果を分析した矢守・岡田（2023）によれば、市民による災害への備えも飛躍的に進んでいるとの評価ができる。もちろん、私も、日本において指摘される「理科離れ」や形式的でマンネリ化した避難訓練や防災教育、災害情報の高度化とともに形成される市民による災害情報依存といった課題は十分に理解している。しかし、ここで押さえておきたいポイントは、日本に住んでいると当たり前になってはいるが、次に述べるシワタネホと比較して、情報と知識の両面において、日本は防災科学が普及した社会だということである。

シワタネホにおける防災科学の未普及

では、シワタネホはどうだろうか。まず、防災・災害情報の普及という面で見てみよう。シワタネホでも、日々の天気予報はニュースやＳＮＳなどで取得できる。しかし、ハリケーンの接近時に、細かな暴風雨の警戒期間や詳細な雨量予測が伝えられるわけではない。リアルタイムでの雨量や河川水位の情報が誰にでもアクセス可能な形で公開されたり、浸水リスクがリアルタイムで見られたりするわけでもない。市民防災局も、雨量などの情報が得られないために避難情報を事前に出すことができないことも多い。シワタネホでもハザードマップが作成され、リスクの表示が「とても高い」「高い」「中間」「なし」の四段階で色分けされている。ただ、当たらない。私は二〇一六年以降にシワタネホで発生した浸水被害地域を把握しており、ハザードマップと照らし合わせたことがあるが、そのほとんどはリスクが「高い」場所ではなく「中間」の場所で発生していた。また、このハザードマップがインターネットを通してダウンロードできたり、印刷して配布されたりしていないため、市民が目にすることはない。シワタネホでは、市民が日々触れることのできる防災・災害情報は限られている。

また、基礎的な理科的知識や防災一般に関する知識も日本と大きな差がある。日本とは教育制度に違いはあるものの、シワタネホでは全人口のうち六三％が中学校卒業以下の学歴である。シワタネホで高校卒業以上の学歴をもつのは三六・八％で、日本は七三・一％であった。大学学部を卒業した人はわずかで、学部卒業者はＬｉｃ．（Licenciado/ a の略で学士の意）という敬称で呼ばれ、その分野の専門家として尊敬される。ＰｈＤ（博士学位）を持っている人はほぼいない。公立学校の義務教育課程で地震・津波メカニズムを教える単元はない。そのため、地震・津波がなぜ起こるのかについての科学的理解も共有されていない。私はシワタネホで児童・生徒、学校教員、市民ら延べ一万人以上に科学コミュニケーションを行ったが、地震・津波メカニズムを説明できたのは一人の理科教員だけであった。防災・災害情報の普及という面でも、理科的知識や防災知識という面でも、科学コミュニケーションを行う前提条件に、日本とシワタネホの間には大きな違いがあることがわかる。

防災科学に基づく情報への態度の違い

日本とシワタネホにおける防災科学の普及の違いが、人びとの反応にも表れていると思われる興味深い事例が二つある。第6章でも紹介された満点地震計は、これまで日本の小学校の防災教育の現場で活用されてきた（詳しくは、岩堀ほか 2016）。地震計を教室の中に置いておくと、児童らは地震計の周囲を歩いたり飛び跳ねたりしながら、地震計が揺れを観測していること、揺れが波形として表示されること、揺れ方（歩く、飛ぶ）の違いが異なる波形として表示されることを理解していく。シワタネホにもこの地震計を持ち込んで、小学校や中学校で授業をしたことがある。地震計が地震を観測する機械であることを説明し、子どもたちに地震計の前で歩かせたり飛び跳ねさせたりするが、揺れが波形に変換されて表示されていることや、揺れが地面を伝わっていることが理解されなかった。海で発生する「波」や地震の「波」は、スペイン語で「onda（波の意）」と言うが、授業内で津波のことも話題にしたため、地震計を通じて画面上に表示されている地震波形を、津波だと思っている子どももいた。

もう一つの事例は、津波の高さについてのイメージに関連する。二〇一二年に発表された内閣府による南海トラフ地震・津波の新想定では、各地で二〇メートル超、高知県黒潮町では最大で三四・四メートルの津波が想定された。巨大な津波想定に対して黒潮町民の反応は一様ではなく、「あきらめ（避難しても助からない）」「油断（そんなに大きな津波は起こるはずがない）」「お任せ（行政になんとかしてもらわなければ対応できない）」などの態度が表明された（矢守 2013）。しかし、本章の文脈において重要なのは、この一様ではない態度は、どれもが三四・四メートルという津波を「巨大だ」と認識できていることにある。「あきらめ」や「お任せ」の態度は、津波が巨大だと理解したからこそ表明される無力感と解釈できるし、過去に発生した昭和南海地震を参照して、過去の津波はそこまで大きくなかったことを理解しているから「油断」の反応が生まれる。いずれもが、「津波」の高さについての共有されたイメージがあったことを示している。

しかし、シワタネホではどうだろうか。市民二八五人を対象にして「シワタネホで起こりうる津波の高さ（自由記述）」を聞く質問紙調査を行ったところ、「一メートル〜九メートルの間」と答えた人は一九・三%、「一〇メートル〜一九メートルの間」は二九・五%、「二〇メートル〜二九メートルの間」は一三・〇%、「三〇メートル〜六〇メートルの間」は一二・三%、「一〇〇メートル以上」は七%、「わからない、もしくは無回答」は一八・九%であった。六一メートル〜九九メートルの間を書いた人はいなかった。起こりうる津波の高さへのイメージはばらばらで、「わからない、もしくは無回答」が全体の二割近くを占めていることもふまえると、津波の高さに対する共通したイメージが形成されていないことがよくわかる。この調査結果をそのまま受け取れば、約三割の人はシワタネホに二〇メートル超の津波想定を発表しても、「思った通り」もしくは「思ったよりも小さい」という反応を示すことになる。

これら二つの事例は、日常生活の文脈の中に、災害・防災についての情報や知識がどの程度埋め込まれているかの差異を表していると考えられる。そしてこの防災科学の普及の程度の差異が、科学への不信あるいは信頼の態度とも密接に関わっていることを、次で確認したい。

3　防災科学への信頼／不信——日本とシワタネホ

防災科学への不信——日本

防災科学が社会に普及していくことと、市民が科学に対して信頼あるいは不信の態度を示すことは密接に関係しているといえる。日本においては、上にも見てきたように防災科学に基づく情報と知識の普及が進んできた。防災科学実践が社会の至る所に浸透し、市民が防災科学の恩恵を享受し、防災科学への信頼を醸成してきたともいえる。そして、こうした信頼の形成が土台にあるからこそ、市民は科学に基づくさまざまな情報に対して不信を表明できる。科学的シミュレーション結果に基づいて作成されたハザードマップに人びとはアクセスでき、信頼して実際の避難行動に用いたからこそ、ハザードマップでは想定されていなかった地域にまで被害が及んだときに不信を表明できる。気象情報にアクセスし、確認していたからこそ、想定されていなかった地域での豪雨災害に対して不信を表明できる。阪神・淡路大震災における「安全神話の崩壊」や東日本大震災における「想定外」は防災科学が普及していた社会における、科学への信頼から不信への転換と解釈可能である。だからこそ、研究者と市民との間に結ばれてしまった不信の関係性を再編することを目指して、近年、市民参加型防災実践や防災オープンサイエンスが導入されてきたことは、これまでの研究でも論じられてきた（詳しくは、岩堀ほか 2015; 矢守ほか 2021など）。

防災科学への信頼――シワタネホ

では、防災科学が普及していないシワタネホはどうだろうか。延べ三〇〇日ほど現地に滞在するなかで、実はシワタネホ市民が研究者や防災科学に高い信頼や期待を寄せていると感じさせる出来事は無数にあった。まず、地元メディアからの注目度が極めて高い。私が滞在しているときだけでも、プロジェクトについて五〇回以上新聞やテレビで取り上げられ、科学コミュニケーションや研究活動の進捗が伝えられた。地元ラジオ局からの出演依頼も多く、私も何度も生放送に出演し、地震・津波発生メカニズムに関する一般的な理解や津波時の対応方法を伝えた。学校、企業、地域からの出前授業の依頼も多く、ラファエルさんら市民防災局職員とともに八二回の科学コミュニケーションを行った。

さらに興味深い出来事もあった。シワタネホ中心部の広場では、ダンスや歌といったポップカルチャーが披露されるコンサートが定期的に開催されるが、その幕間に地震・津波講演を依頼されたのである。場違いだと感じながらも引き受けて、一〇代と思われる女性グループの歌と演奏が終わった直後に、約八〇〇人の聴衆を前に恐る恐る講演を始めることになった。席を立つ人が続出するかと思いきや、思いのほか、熱心に聞いてくれて、なかには手を挙げて質問する人までいた。シワタネホでは研究者の講演はエンターテインメントも兼ねているのだろうか。市民の間に科学が定着していなかった一八世紀のヨーロッパにおいて、科学者らが公開講座で実験を市民に披露し、市民らが熱心に見学していたころを彷彿させる（古川 2018）。日本のように科学による恩恵も副作用も経験した社会とは異なって、市民と科学（研究者）との間に距離があり、市民がまだまだ科学からの恩恵を享受できていない社会だからこそ、市民は科学への高い信頼や期待を表明することができる。

研究者への信頼が一大事に

象徴的な例がある。ある日、メキシコ人研究者と日本人研究者が、運転手付きレンタカーでシワタネホ市内を移動中に、地元タクシー会社とのトラブルに巻き込まれたことがある。レンタカー会社が適切な営業免許がないのに移動サービスを提供しているとタクシーの運転手が思い込んで、レンタカー運転手とタクシー運転手の言い合いに発展したのである。研究者には、地元メディアが同行していた。そのため、この言い合いの様子は、同メディアのFacebookページですぐに生中継されて拡散された。そして、シワタネホに貢献している研究者をトラブルに巻き込んだタクシー会社を、メディアや市民らが痛烈に批判したのである。この生中継や市民の反応は即座に市長にも伝わり、市長が研究者らの代替の移動手段として市長専用車を提供した。その後、市民らの批判を重く見たシワタネホ市行政が介入し、タクシー会社が対応の非を認め、新聞上で研究者らに対する謝罪記事を出すに至っている。研究者が謝罪を求めたことは一度もなく、この謝罪記事はむしろ市民の批判を抑えることを目的としたものだった。これも、シワタネホ市民が研究者に対して盲目的な信頼を表明しているとみることができる事例である。この出来事はシワタネホ市民にとっては印象深かったようで、二〇二二年にシワタネホに渡航した際にも、地元の人が話題にしていた。

4 なぜ市民・学校・行政・研究者の協働か

ここまで確認してきた通り、日本は防災科学が普及していたからこそ不信へと転じたが、シワタネホでは、防災科学が市民の身近にないがゆえに、科学への信頼が高い社会であるといえる。そのような社会的背景があるシワタネホにおいて、どのように市民と科学との関係を取り結び、津波防災を推進していけばよいのだろうか。まずいえることは、シワタネホは極めて防災啓発活動が行いやすい社会だということである。なぜなら、市民は盲目的といえるほどに研究者への信頼を表明しているため、いわゆる「欠如モデル」として知られている研究者から市民への一方向的な科学コミュニケーションが成立しやすい。しかし、ここで安易に「欠如モデル」に立脚することには大きな落とし穴がある。市民の側からすれば、研究者を信頼しているのだから、研究者に正解を求め、その回答を強く信頼する。「地震はいつ起こる?」「津波はどこまで来るのか?」「私の家は安全か?」「適切な避難ルートはどれだ?」といった質問が市民から研究者へ度々投げかけられ、研究者の科学的知見にもとづく正解を期待する。しかし、研究者は不確実性を伴う地震・津波の予測や一〇〇パーセント安全な避難について正確な回答を提供することはできない。このように、信頼を寄せて正解を求める市民と、不確実性を伴うために正解を提供できない研究者との間の緊張関係は、結局は「専門家は答えを持ち合わせていないではないか」として、市民と研究者との関係を信頼から不信へと転落させてしまうことになる。それでは、市民にとって魅力ある防災科学や科学研究であり続けながら、シワタネホにおいて地震・津波防災を推進するにはどうすればよいのだろうか。

その鍵は単に研究者が市民に伝える一方向的な科学コミュニケーションではなく、市民が取得するデータを研究者が活用するような研究者主導型のサイエンスでもなく、その実践現場に関係する市民、学校、行政、研究者が協働することを通して、研究者と市民の双方がお互いに変容していく共創のオープンサイエンス実践にある。このことを、シワタネホでの事例をもとに検討しよう。

5　ともに研究する体制づくりと波及

まず私が試みたのは研究者と行政の対話の場を設けることであったが、これが一筋縄ではいかなかった。プロジェクトのメキシコ側代表は、科学雑誌ネイチャーが選ぶ最も影響力のある研究者一〇人にも選ばれたメキシコ国立自治大学の地球物理学者ビクトール・クルス・アティエンサ教授である。しかし、地球物理学者の仕事は、地震観測を行って、地震の発生メカニズムやポテンシャルについて明らかにすることなのだから、「当時のビクトール教授は行政や市民と対話することに関心がなかった」というのが伊藤准教授の言葉である。そして、シワタネホ市行政からみると、メキシコ最高峰の大学の物理学教授は「とても偉い人がやってくる」という感覚であった。そのため、ビクトール教授を始めとする研究者がシワタネホに来ると知ると、アテンドを担当するラファエルさんら市民防災局職員はそわそわし、迎えるための車輌を洗車し、市民防災局の最もオフィシャルなユニフォームを着用し、おもてなしに失礼がないか何度も確認していた。

このようにビクトール教授と市行政との間に大きな緊張関係があったなか、私は、シワタネホ市の市議および市役所の各部局長級（市民防災局、観光局、公共事業局など）との対話を概ね半年に一度の頻度で約四年間行った。地震学、津波モデリング、避難シミュレーション、防災心理学などのさまざまな研究者らを招く形で、研究の進捗とシワタネホ市での研究成果の活用について対話を繰り返してきた。この丁寧な対話の場が、その後も、研究者と行政がともに研究を進める基礎となった。

協働による避難標識の設置

その一例が、避難戦略の共同構築である。シワタネホ市街地を対象として、研究者らは津波浸水シミュレーションと避難シミュレーションを行った。避難シミュレーションを実施するうえで必要となった基礎的データの取得には、シワタネホ市行政が深く参画している。たとえば、研究者から市行政に、津波浸水シミュレーション結果を共有していたので、それに基づいて観光局が対象地域の観光客数を試算したデータを作成した。また、避難シミュレーションには避難道の道幅データが必須であるが、これは研究者と市民防災局が測定して研究に活用された。研究者が避難シミュレーションを完成させた後、シワタネホ市行政関係者らとの対話の場でも共有され、さらに現実的なシミュレーションとするため、市行政関係者からの意見をもとに調整が行われている。これら研究者と行政との避難シミュレーションの共同構築は、行政による避難標識の設置という形で成果として現れた。シワタネホがあるゲレロ州内で、津波避難標識を設置した初めての自治体となった。これら一連の科学的研究プロセスにおける協働を体験してきたラファエルさんや市民防災局職員は「科学に支えられていると感じる」と、六畳ほどの薄暗い市民防災局の事務所で感慨深そうに話していた。

科学が支えられている防災実践

「科学に支えられていると感じる」ことが、市民防災局職員の自信となって、市民に対する防災教育実践が進んでいったとラファエルさんは振り返る。特に注目すべき活動が、自主防災組織の設立である。ラファエルさんら市民防災局職員が各地域に出向き、住民ボランティアからなる自主防災グループを組織していった。そして、この成果はすぐにあらわれることになる。二〇一八年一二月に、シワタネホにおいて木造家屋一〇〇軒を焼く大火災が発生したが、出火場所は消防署からは遠い地域であった。しかし、火災現場近くに既に立ち上げられていた自主防災組織が最初に現場に到着し、家財道具を守ろうと留まっていた住民らを避難させ、延焼防止活動を行い、死者が出ることはなかった。自主防災組織があることで、災害対応や人命救助がスムーズに行えることが知られるようになり、自主防災組織が市防災計画にも位置づけられた。研究者と行政との連携が市民防災局の自信となり、市民防災局が地域での防災実践を進めることで、市民にも波及していったのである。市民防災局の活動が、日の目を見るようになった瞬間である。

科学的な研究成果である津波浸水シミュレーションを、研究者と学校教員、市民防災局が議論を通してともに解釈し、学校での避難戦略構築に生かす取り組みも進んだ。図2が、そのためのワークショップツール「四画面避難訓練動画」である。その特徴は、避難訓練時の児童らの動きと津波浸水シミュレーションとを同時に表示することで、訓練の成否や代替する避難戦略を検討できることにある。図2の右下と左上には避難訓練を撮影した動画が挿入され、右上には、津波浸水シミュレーション動

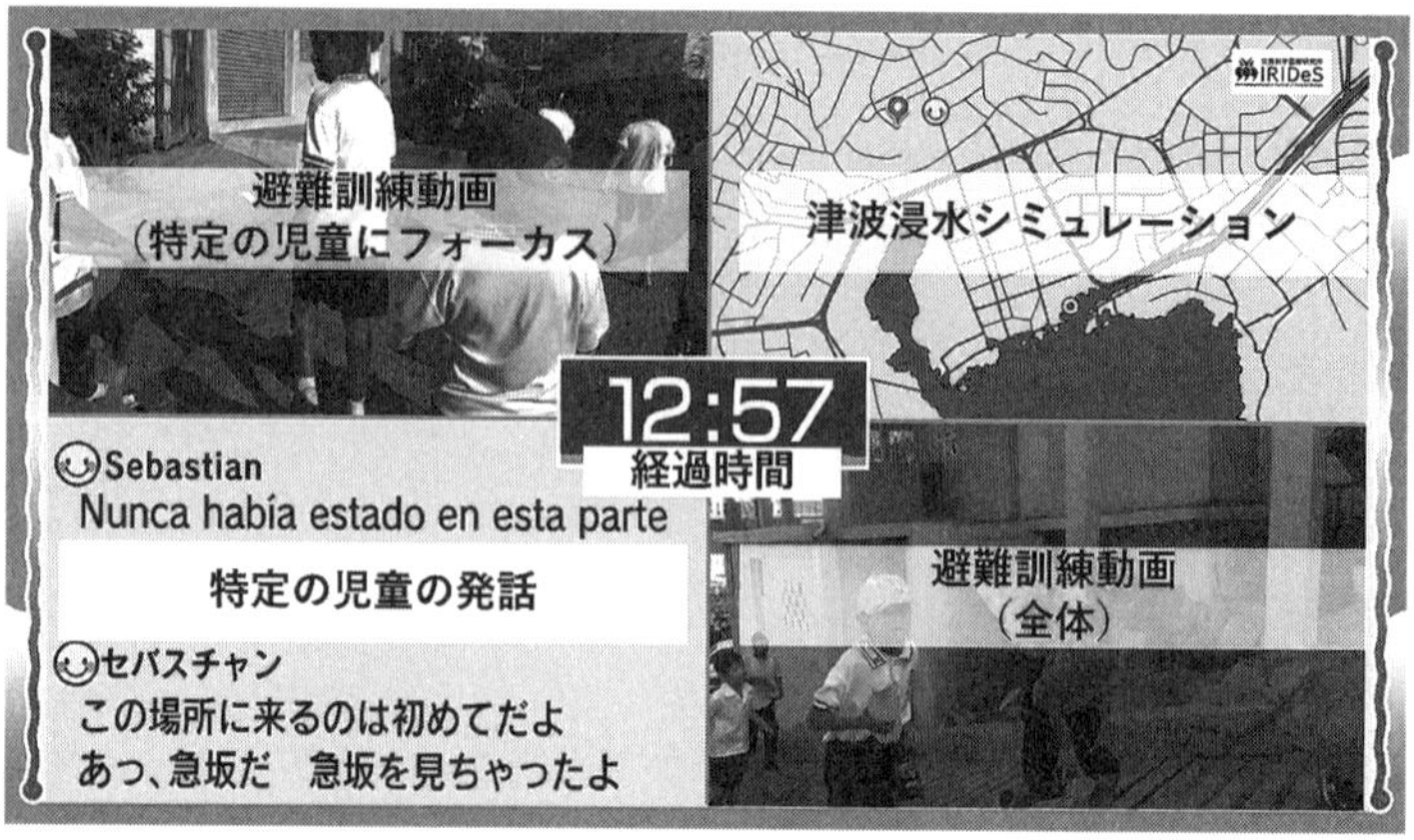

図2　四画面避難訓練動画

画を表示し、児童らの位置をスマイルマークで示している。左下は特定の児童の発話を表示し、画面中心には避難訓練開始からの時間を表示している。また動画上の避難開始時間をずらすことで、避難が成功するケース、避難が間一髪で成功するケース、避難が成立しないケースの三パターンを作成した。それまでの津波避難訓練では、児童らが高台に到達するまでにかかる避難所要時間は計測されていたが、津波浸水シミュレーションがなかったがために、本当に避難が成立するのかの確認や、津波浸水パターンに基づいた避難戦略の検討はできなかった。この動画を教員とのワークショップツールとして用いることで、教員らは児童の避難行動と津波浸水パターンを比較しながら見ることができ、地震発生直後に避難行動を開始すれば避難が成立することがわかるようになった。また、避難開始が遅れ津波に追いつかれる可能性があるときには、津波浸水パターンも理解したうえで、避難ルート上にあるホテルへの垂直避難や学校の二階部分への避難を行うことなど、多様な避難戦略が提案され、学校二階への避難訓練といった新しい訓練にもつながっている。

防災実践が研究者をも変容させる

ここまでの例は、研究者との協働によって、シワタネホ市行政、市民、教員らが変容してきたことを示すものである。そして、行政、市民、教員らによる科学的研究成果への強い関心や活発な防災実践によって、「行政や市民と対話することに関心がなかった」ビクトール教授の態度も大きく変容したことが興味深い。ビクトール教授はシワタネホの中学校での出前授業や、地元メディアに対する研究内容の丁寧な説明会を開催した。さらに、海底に地震計を設置する研究船舶エル・プーマ（El Puma）号とシワタネホ市役所とをインターネットで結び、このプロジェクトの目玉ともいえる観測活動を生中継するイベントも実現している。

この観測活動は、海の底に地震計を沈めて海底の地震活動を観測するというものであった。このために、ビクトール教授は入念に観測機材を準備し、緻密な航行計画を練っていた。観測船のインターネット容量は限られている。市役所とのインターネット生中継を実現するためには、全ての船員がインターネット使用を控える必要があるだけでなく、ウェーブグライダーと呼ばれる観測データ回収用水中ドローンも使用しないことが求められた。このためには海底観測活動自体のスケジュールの変更が必要になるにもかかわらず、それまでに繰り返し行われていた研究者と行政との対話や市民、行政、学校による科学的知見を活用した防災実践を目の当たりにして、ビクトール教授は観測計画を変更し、この生中継の実現に動いてくれたのである。生中継イベントでは、エル・プーマ号で観測を行うビクトール教授や伊藤准教授らが、シワタネホ市役所に集まった市議会議員や局長級職員一九名に対して、エル・プーマ号の船内や観測機材を紹介し、海底観測活動によって将来の巨大地震の発生メカニズムやポテンシャルを解明することを目指していることを説明した。その後、研究者と市役所側の参加者の間で、地震科学に関する疑問やその時点で明らかになっていることが共有された。このプロジェクトの後も、ビクトール教授を始めとするメキシコ側の地震学者は、新しいプロジェクト構想に積極的に市民との協働を取り入れようとしており、研究者と市民との関係が変わりつつあることを示している。

6　共創のオープンサイエンス実践

本章では、防災科学に高い信頼を寄せるシワタネホにおいて、安易に「欠如モデル」に基づく科学コミュニケーションを採用せず、かといって正解を提供できずに科学への不信にも転落させることなく、研究者と行政、市民、学校教員らが緊張関係を伴いながらも協働を進めてきたことを示してきた。行政や市民、学校が防災科学研究の一端を担い、研究成果の解釈に参加し、成果を活用しようとする態度が、それまでは行政や市民との協働には関心を示してこなかった研究者の側の態度までも変容させ、シワタネホにおける防災科学実践を推進することにつながっている。行政による避難標識設置も、火災時の自主防災組織の対応も、学校における避難戦略の共同構築も、太平洋を航行するエル・プーマ号とシワタネホ市役所とのインターネット生中継も、どれもが、研究者、行政、市民、学校教員など単独のステークホルダーのみでは実現することができない、シワタネホに独自の防災科学の新しい実践知である。

すなわち本章の事例は、市民と科学とが共創関係を築く共創のオープンサイエンス構想は、防災科学が浸透している社会においてのみではなく、防災科学が十分に普及していない社会においても十分可能であることを示唆する。それは、長い時間をかけて防災体制を整備し、防災教育や防災啓発活動を行って地道に段階的に防災科学を浸透させていくことによって、防災への参加と災害時の自己決定権を確保しようとする先進国一般にみられるアプローチではない。発展途上国において、地震・津波や洪水、土砂災害といったさまざまな災害リスクに直面しながらも、防災・災害情報や防災知識へのアクセスが限られていた人びとが、防災への参加と自己決定への権利を実現する可能性を共創のオープンサイエンスに見出すことができる。それまでは、災害が起こっても翻弄されることしかできず、対応のスペシャリストである消防局に頼るすべしかなかったシワタネホにおいて、市民防災局が日の目を見るようになったのは、シワタネホにおいて誰もが防災に参加することができ、市民一人ひとりが自己決定できると感じられるようになったからかもしれない。

文献

CAT (Catálogo del Centro de Alerta de Tsunamis) 2018 HISTORIA DE LOS TSUNAMIS LOCALES OCURRIDOS EN MÉXICO https://digaohm.semar.gob.mx/cat/Archivos/Historia_Tsunamis.pdf（情報取得 2024/1/30）

Alatorre-Ibargüengoitia, M. A., Delgado-Granados, H., & Dingwell, D. B. 2012 Hazard Map for Volcanic Ballistic Impacts at Popocatépetl Volcano (Mexico). *Bulletin of Volcanology, 74*, 2155–2169.

古川安 2018『科学の社会史――ルネサンスから20世紀まで』ちくま学芸文庫
岩堀卓弥・宮本匠・矢守克也・城下英行 2015「正統的周辺参加理論に基づく防災学習の実践」『自然災害科学』*34*(2), 113-128.
岩堀卓弥・矢守克也・城下英行・飯尾能久・米田格 2016「防災教育における『伝達型』・『参加型』モデルの関係性――満点計画学習プログラムをめぐって」『災害情報』*14*, 140-153.
文部科学省 2021「資料２ 文部科学省における防災教育の現状について」https://www.mext.go.jp/kaigisiryo/content/000121137.pdf（情報取得2024/1/30）
OECD 2021 Science performance（PISA）https://data.oecd.org/pisa/science-performance-pisa.htm#indicator-chart（情報取得 2023/5/4）
総務省統計局 2022「令和２年国勢調査」https://www.stat.go.jp/data/kokusei/2020/index.html（情報取得 2024/1/30）
矢守克也 2013「想定をうそにするために――〈チェンジ〉を支援する」『災害情報』*11*, 14-19.
矢守克也・飯尾能久・城下英行 2021「地震学のオープンサイエンス――地震観測所のサイエンスミュージアム・プロジェクトをめぐって」『実験社会心理学研究』*60*(2), 82-99.
矢守克也・岡田夏美 2023「メタレベルの視点に立った防災・減災に関する質問紙調査研究の分析」『実験社会心理学研究』*63*(1), 14-31.

第8章 「みんなで翻刻」
——古文書解読が明かす歴史地震

加納靖之

「みんなで翻刻、ちょっと読める人があらかた翻刻すれば、後で達人が誤刻箇所や判読不能箇所を修正してくれる最高の環境」「みんなで翻刻、前の人が読んだのを見ながら、自分にも新たに読めるところがあって面白いね」などなど。「みんなで翻刻」開始直後の参加者の声である。ほかに、地元の災害資料に気づいた、という声もあった。いずれも、「みんなで翻刻」の性質をよくあらわしている。いっぽうでこのような作業を無償で進めてもらうことを懸念する意見もあった。

「みんなで翻刻」は、二〇一七年一月に京都大学古地震研究会が公開した市民参加型の地震史料翻刻プロジェクトである。二〇一九年七月にはシステムを更新し、地震史料だけでなく、広く歴史資料を翻刻、共有するためのプラットフォームとなった。コロナ禍による行動制限の間も、オンラインであることの強みをいかして活動を続けた。当初目標の一つとしていた機械学習や自然言語処理分野におけるデータの活用がはじまり、地震研究や防災への利用も少しずつ進んでいる。また、くずし字の解読自体を楽しむ参加者も多く、自分の解読技術の向上が参加のモチベーションとなっている、というのも変わらない。プロジェクト開始当初にいくつかの目標を設定したが、参加者の反応もふまえ、柔軟に対応してきた。「みんなで翻刻」の開始から現在までの概要と、最近の展開について紹介し、いかにして天変地異のオープンサイエンスの場となっていったかを振り返ってみたい。

1 「みんなで翻刻」のこれまで

京都大学古地震研究会と「みんなで翻刻」

「みんなで翻刻《ほんこく》」は、京都大学古地震研究会の活動から生まれた歴史資料解読のためのプロジェクトである。オープンサイエンスの取り組みとしても評価を得ている。ここではプロジェクトの概要を述べることとし、詳細については「みんなで翻刻」のウェブサイト（https://honkoku.org）やウィキ（https://wiki.honkoku.org/doku.php）、あるいはプロジェクトに関する論文など（橋本 2018; 橋本・加納 2023）を参照していただきたい。

筆者は京都大学古地震研究会のメンバーとして、同会を主宰していた中西一郎氏（京都大学名誉教授）や、「みんなで翻刻」の開発者である橋本雄太氏、その他多くの仲間とともにこのプロジェクトの企画、開発、運営に参画してきた。当初は地震史料の翻刻プロジェクトであったため、翻刻の対象となる資料の選定や、広報や渉外なども担当していた。そのような立場からのプロジェクト紹介である。

歴史時代に発生した地震を調べるためには、何らかの形で、地震発生の様子を知る必要がある。主な情報源は、地震発生当時に人びとが見聞きしたことを書いたもの（公的・私的な記録、日記、随筆、書状など）である。これらを読み、そこに書かれた内容から地震の様子を再現する。しかしながら、一般に、過去の人びとが書いたものを現代の私たちが読むのは難しい。読者のなかで、図1のようなものをすらすらと読める方はどのくらいおられるだろうか？　過去（特に前近代）と現代とでは、書

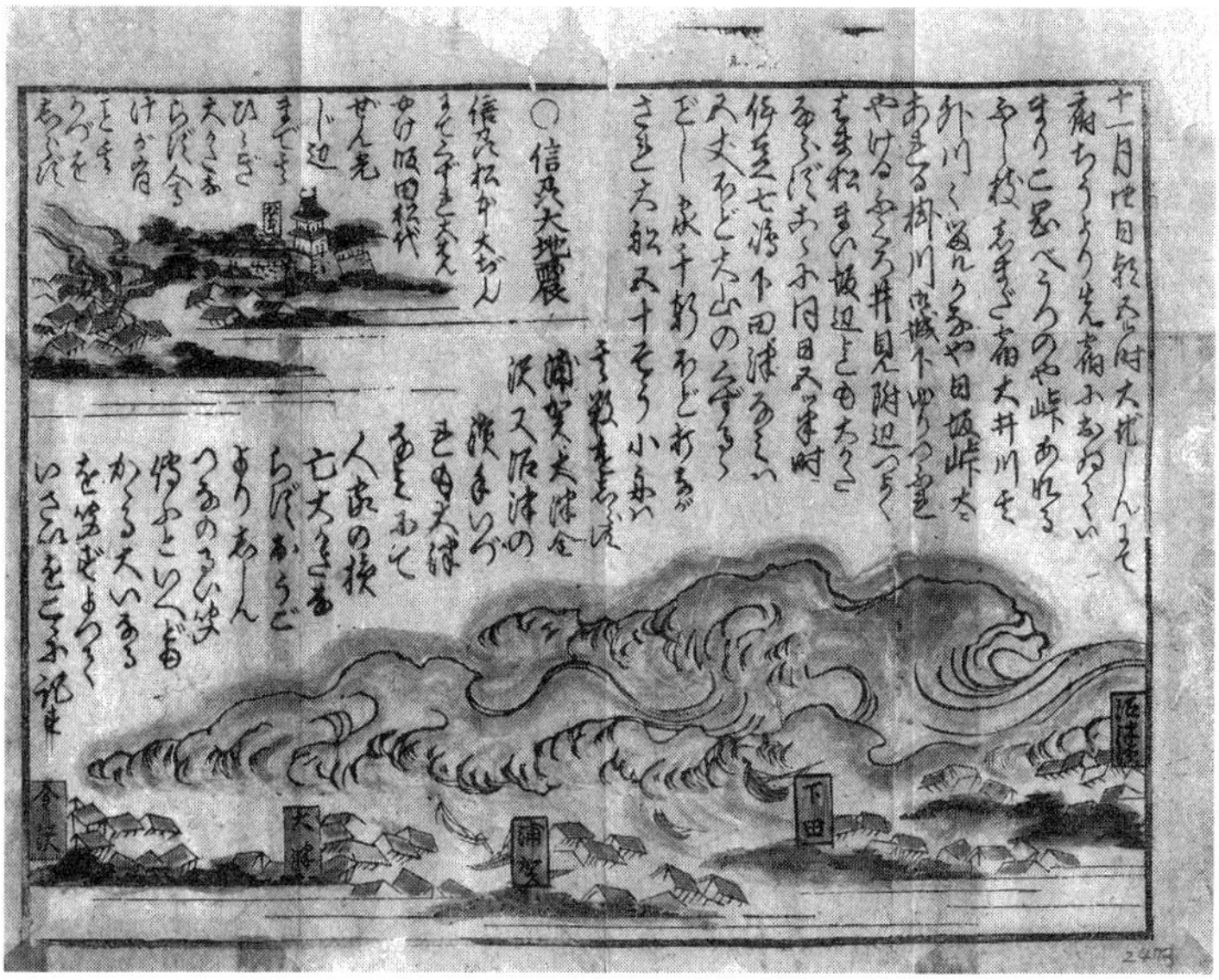

図1　安政東南海地震に関するかわら版（東京大学地震研究所所蔵）

き方のスタイルや、用いられる文字（変体仮名や旧字体、異体字）が現代とは違っており、楷書、あるいは、活字に慣れた私たちには、読み方を勉強することなしには読めないのである。

京都大学古地震研究会は、歴史地震について書かれた史料を題材に、過去の人びとが書いたものを読むためのスキルを身につけることを目標とした勉強会で、二〇一二年に京都大学の地球惑星科学専攻のゼミの時間を利用してはじまった。二〇一四年ごろには、古地震研究会に人文情報学の研究者も参加し、地震史料の解読における情報技術の活用についても検討しはじめた。のちに「みんなで翻刻」として実現するシステムの最初の発想は、中西氏によるものと記憶している。地震研究者がオンラインで地震史料を解読しながら共同研究を進めるためのシステムを作れないか、というものだった。その後、オープンサイエンスの観点を取り入れて、現在の「みんなで翻刻」に至った。システムとして形にし、現在も開発を続けているのは橋本雄太氏（国立歴史民俗博物館）である。

二〇一七年一月に最初のバージョンである「みんなで翻刻【地震史料】」(https://v1.honkoku.org/)を公開した。「古文書・古記録を解読して、歴史災害研究に参加しよう！」をキャッチフレーズとして、東京大学地震研究所図書室が所蔵する「石本文庫」の一一四冊を全文翻刻することを目標としてプロジェクトを開始。多くの参加者を得て、主催者側の予想をはるかに超える速さで翻刻が進み、同図書室で「和古書類」に分類される他の史料も追加し、プロジェクトを続けた。最終的に二〇一九年三月の時点で登録していた史料四九五点すべての翻刻を完了した。

二〇一九年七月に公開した新しい「みんなで翻刻」は、それまでの経験と新しい技術を取り入れて改良した新バージョンである。主な変更点として、International Image Interoperability Framework（ＩＩＩＦ：トリプルアイエフ）への対応と、ＡＩ（人工知能）による解読支援機能が挙げられる。ＩＩＩＦはウェブ上の画像へのアクセスを標準化し、相互運用性を高めるための規格である。ＩＩＩＦを活用し、この規格に準拠した世界中のデジタルアーカイブが公開する史資料を翻刻できるようになった。最初のバージョンもそのまま運用を続けており、これまでの参加者は通算で一万人を越え、総入力文字数は四四〇〇万文字となっている。

オープンな参加のための工夫

「みんなで翻刻」では一般の方にご参加いただくプロジェクトとして、さまざまな工夫を行っている。特に、くずし字解読の学習コンテンツや翻刻文の相互添削など、「学び」を主軸としたシステム設計が、参加者の動機づけに寄与しており、また翻刻文の精度向上につながっている（橋本 2018）。

くずし字学習のためのサービスとしての一面を担い、参加者からも好評を得ているのが、相互添削の仕組みである。「みんなで翻刻」では、誰でも翻刻を入力することができるが、入力された翻刻文に対して、自由に追記、修正することができる。修正履歴画面では、削除した部分は赤色、追記した部分は緑色で表示され、修正内容が一目でわかるようになっている。また、翻刻文を入力する際に、読めない文字（虫損なども含む）を「□」として残しておくことができる。後からその資料をみた上級者が、元の翻刻者が読めなかった文字を入力したり、間違えて読んだ文字を修正したりする。そうすると、元の翻刻者に通知が届き、どのように添削されたかを確認することができる。

相互添削を促進するためにいくつかの工夫がある。翻刻テキストの入力作業に一区切りがつくと、作業内容を保存することになる。保存の際にコメントをつけることができるのだが、読めない文字についてのコメントを記入する人が多い。また、より簡易にワンクリックで「添削希望」を表示することもできる。これらはホーム画面のタイムラインにも表示される。上級者からの添削を受けやすくするための機能である。

各参加者の作業内容に対する「あっぱれ」（いわゆる「いいね」）機能も実装している。気軽に参加者間でお互いの作業に対する共感を送りあうことができ、添削を受けたことに対する謝意をあらわすことができる。

初心者でも参加できるようにとの意図で、くずし字学習支援アプリ「ＫｕＬＡ」（https://kula.honkoku.org/）とも連携している。ＫｕＬＡは二〇一六年に大阪大学を中心に開発されたくずし字解読の学習アプリケーションで、歴史や古文書に関心のある人びとを中心に、二〇二四年七月までに二五万回近くダウンロードされている。テスト機能を利用して、学習進捗を確認しながらゲーム感覚で「くずし字」の解読を学べるアプリである。なお、このアプリの開発も、古地震研究会の活動がきっかけの一つとなっている（飯倉 2023）。

作業の保存時には、作業内容（資料名や翻刻文字数）をＳＮＳに投稿する機能もある。参加者の貢献を可視化することを意図したものである。またＳＮＳへの投稿をきっかけに、資料やプロジェクトへの関心が盛りあがることもあり、「みんなで翻刻」自体の広報にもつながると考えている。

オンライン上のプロジェクトであるため、ＳＮＳによる広報とは相性がよい。リリース時や、新規の翻刻プロジェクトの追加時にはＳＮＳによる広報を積極的に行っている。また、京都大学学術研究支援室（ＫＵＲＡ：現在は学術研究展開センター）の仲介によって株式会社ドワンゴとのコラボレーションが実現し、ニコニコ生放送やニコニコ超会議での活動が、「みんなで翻刻」の広報に一役買うとともに、これまでに接点を持ちにくかったネットユーザーが翻刻プロジェクトへ参加することにつながったと考えている。ニコニコ生放送での月一回の配信は、現在でも継続している。

多彩な翻刻プロジェクト

「みんなで翻刻」では、ある程度のまとまった数（数点から数百点、数が多い場合はコレクションと

表1　翻刻プロジェクト一覧（順不同、2025年1月時点）

日本の仏典を翻刻
翻刻！九州大学の書物たち
「会津若松市デジタルアーカイブ」公開資料を翻刻
Code4Lib JAPAN × みんなで翻刻
翻刻！料理本の世界
デジタルアーカイブ福井の資料を翻刻
疫病関連資料を翻刻！
東京学芸大学「学びと遊びの歴史」を翻刻！
Galica の日本資料を翻刻！
あいおいニッセイ同和損保所蔵災害資料を翻刻する
翻刻！東寺百合文書
伊那市×みんなで翻刻
産業史料を翻刻！
茨城大学図書館所蔵資料を翻刻
翻刻！江戸の医療と養生
翻刻！石本コレクション
賀茂社関係文書翻刻プロジェクト
翻刻 de かるた LOD
khirin の資料を翻刻
キリシタン関連史料を翻刻
関西大学の多彩な東アジア研究資料を翻刻！
翻刻！草双紙の世界
能登半島の資料を翻刻！
琉球・沖縄の世界を翻刻する
天保郷帳を翻刻！
徳島県立図書館所蔵資料を翻刻
翻刻！地震史料
翻刻！いきもの図鑑

して分割する）の資料を翻刻プロジェクトとして登録することとしている。現時点で、二八件の翻刻プロジェクトを登録している（表1）。資料所蔵機関やデジタルアーカイブごとに翻刻プロジェクト化するケースと、テーマを設定して資料所蔵機関を問わず横断的に資料を集め、翻刻プロジェクトとして登録しているケースとがある。

翻刻プロジェクトのなかには参加者とのやりとりを通して実現したものもある。たとえば「翻刻！草双紙の世界」は、和菓子をテーマにした黄表紙（江戸時代後期に多く刊行された絵入り小説）に関するSNSでのやりとりがきっかけとなった。さらに化け物に関する黄表紙を読むための翻刻コレクションも追加した。これも参加者が監修したもので、この翻刻プロジェクトの一部の資料については、翻刻テキストを利用して電子出版された（たとえば『化物七段目（現代語訳付き）』（幾治 2020））。「翻刻！江戸の医療と養生」と「翻刻！いきもの図鑑」についても、関連資料を収集されている方とのやりとりのなかで翻刻プロジェクトが生まれた。

ＡＩによる翻刻支援

ＡＩによるくずし字認識サービスと連携し、一文字を囲んで操作すると、ＡＩが候補を挙げてくれる仕組みも導入した。参加者はＡＩが挙げた候補も参考に、最終的には自分で文字を入力することになる。現在は、人文学オープンデータ共同利用センターが提供する「KogumaNet くずし字認識サービス（一文字）」（http://codh.rois.ac.jp/char-shape/app/single-mobilenet/）と、凸版印刷が提供する「ふみのは®ＡＰＩ」（https://www.toppan.co.jp/biz/fuminoha/technology-case.html）を利用している。

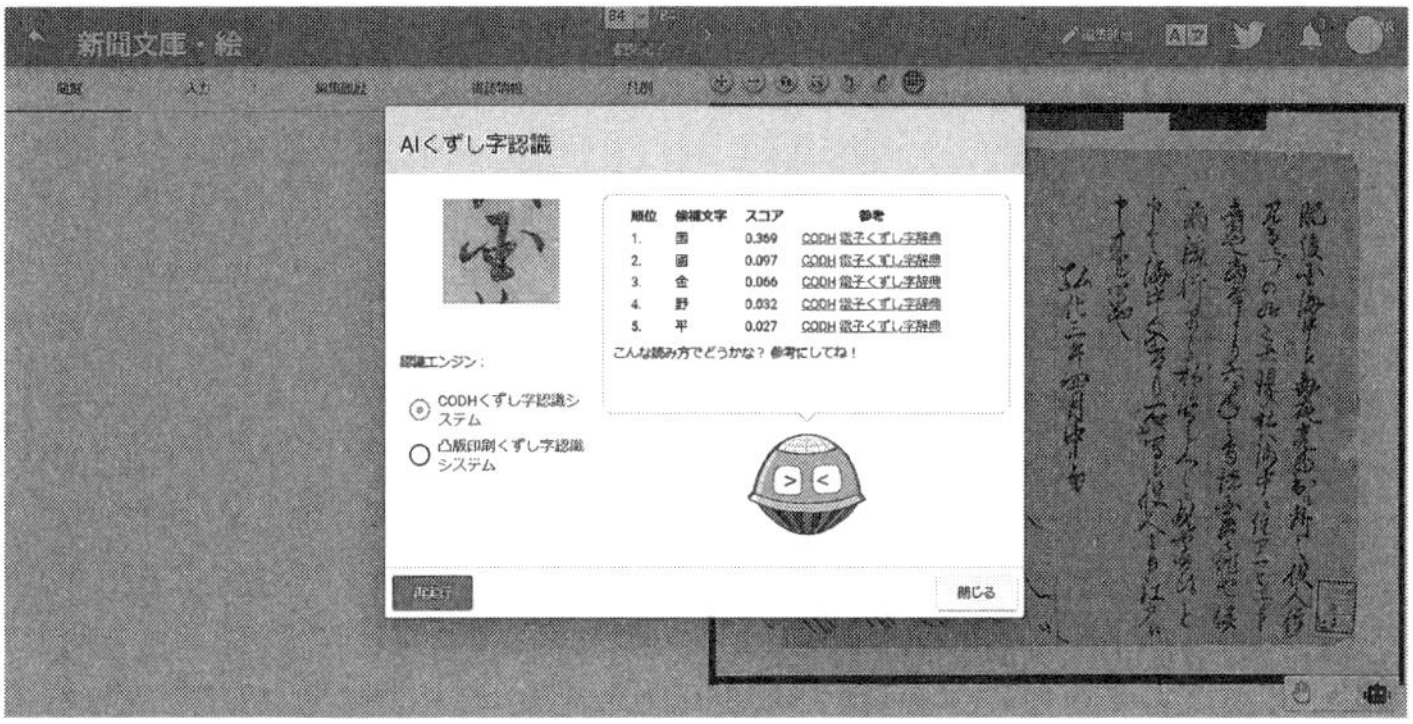

図2　AIによる翻刻支援の例

オンライン上のプロジェクトであるため、参加者の多くは、個別に翻刻作業を進めていると考えられる。辞書や解説書を片手に取り組んでいただいている方もいるだろう。インターネットで字形や文脈などさまざまなヒントを探す場合もあるだろう。ＡＩによるくずし字認識サービスもそのような情報源の一つと考えてもよいだろう。

ＡＩによる翻刻支援は、特に、くずし字解読の初心者の方にも気軽に参加していただけるように導入したものである。文字の読み方がわからないときに、すぐに相談できる環境があれば、継続的に取り組みやすいと考えられる。ＡＩに相談できるような環境を用意することで、身近に教えてもらえる上級者がいなくても、参加のきっかけとなり、また、継続してご参加いただけるのではないかと考えている。

もともと「みんなで翻刻」は参加者間の協力によって翻刻を進めることとしており、ＡＩによる支援機能は、その延長線上にあるともいえる。この支援機能を通じて、参加者は現状でのくずし字認識ＡＩの能力を知ることができる。また、「みんなで翻刻」ではじめて能動的にＡＩを利用するという参加者もあるだろう。翻刻という目の前の課題にＡＩを用いることを通して、将来ますます必要となるであろう「ＡＩとの付き合い方」を体験する場となっているようである。

2　オープンサイエンスとしての「みんなで翻刻」

公開当初の目標

二〇一七年の「みんなで翻刻」の開始時のプレスリリースでは「市民参加で地震史料を後世に残し、新たな史料発掘へ」を掲げ、波及効果として以下を挙げていた（京都大学 2017）。

（1）過去の地震に関してこれまでに知られていない事実が発見される可能性があります。
（2）過去の解析の前提となったデータの再検討が可能になります。
（3）くずし字の知識習得者を増加させます。
（4）地震史料のテキスト化を加速することで、史料を後世に残します。
（5）ＳＮＳ機能を利用し、日本各地で眠る災害史料の発掘に寄与します。
（6）地震史料以外にも、日本各地、各組織で進む史料のデジタルアーカイブ化やデジタル公開に新たな戦略をもたらします。
（7）過去の災害について学ぶことで、市民の防災意識の向上をめざします。

これらについても点検しつつ、オープンサイエンスとしての「みんなで翻刻」について考えてみたい。

市民参加型のプロジェクトとして

プロジェクトのタイトルの「みんなで」や、プレスリリースで掲げた「市民参加で」はオープンサイエンスの考えが集約されたものである。また波及効果のいくつかの項目もオープンサイエンスを意識したものとなっている。

研究成果や研究データの公開や流通、あるいは研究のプロセスそのものについて、専門家の間だけで行うのではなく、専門外の方や一般の方に広げていこうという流れあるいは運動がある。このような動きはオープンサイエンスと総称される。研究論文のオープンアクセス化や、研究データを広く公開しようとするオープンデータなどの取り組みも進展してきている。科学の社会的な役割の再評価や各国の科学技術政策、研究公正の観点などもこの動きを後押ししている。

「みんなで翻刻」は、市民を含む多くの人びとが研究に参加し、公開データを作成するという点で、まさにオープンサイエンスの取り組みといえる。特に、研究のプロセスに市民の参加や協力を得るという観点から、シチズンサイエンス、あるいは、オープンコラボレーションという言い方もできる。

「みんなで翻刻」は、専門家、一般の方、ＡＩもふくめ「みんな」で課題に取り組むプロジェクトである。開始当初から、システムの不具合報告や機能改善、資料や翻刻プロジェクトの追加など、各種の提案や相談を、メールやＳＮＳで受け付け、プロジェクトに反映している。プロジェクトの構築やシステムの改善についても参加者と協力するやり方は、プロジェクトをオープンに進める「みんなで翻刻」の一面である。

コロナ禍による行動制限の緩和以降の新たな取り組みとして、「デジタルアーカイブ福井の資料を翻刻」プロジェクトに関連した『「みんなで翻刻」連携講座』が開催されている。同連携講座の案内では「プロジェクトへの参加の広まりは、福井県の地域資料を解読していく大きな推進力となり、またＩＣＴを活用した生涯学習や交流の場としての役割も期待されます」としており、オンラインのプロジェクトからリアル（対面）への展開として注目される。

公開当初にいただいた意見のなかには、市民参加によって資料解読を進めることについて、否定的なものもあった。たとえば翻刻の品質や、無償で作業を進めることに対する意見である。

翻刻の品質については、翻刻テキストから一〇万文字を抽出し、歴史研究者による点検を受けたところ一〇〇文字あたり平均一・五文字の誤りがあるという結果だった（橋本 2018）。一〇〇点満点とすれば九八・五点である。これは内容把握や全文検索には十分な品質であり、たとえば専門的な研究に用いる際には、利用者が必要な修正を施せばよいと考えられる。非専門家をふくむ共同作業によってこのような品質が得られているのは、相互添削の仕組みがうまく機能していることの表れと考えてよいだろう。

無償で翻刻作業を進めることによって、いわゆる「やりがい搾取」になるのではないかという意見もあった。参加者の参加や継続の動機はさまざまであるが、相互添削や他者の翻刻をみることによる学習効果や、「みんなで翻刻」内で自然にできあがったコミュニティでのやりとりが、参加者へのリターンとして機能している一面がある。また、学生の仕事を奪うのではないか、という意見もあった。歴史資料の解読は、学生や若手研究者が経験を積みつつアルバイトなどとして対価を得るために行うものでもあることが背景にあると考えられる。これについては筆者は楽観している。解読の対象となる歴史資料は膨大であり、一朝一夕に進むものではない。「みんなで翻刻」が数千万文字を翻刻しても、歴史資料全体からすればまだまだ少ない。学生や研究者が研究対象とする資料を自分で解読することを妨げるわけではない。あくまで、翻刻テキストを作成していくことで、翻刻が壁になって読めない方にも、資料の内容を知っていただく手がかりになればという考えである。また、プロジェクト開始当初にSNSでいただいたコメントとして「正直体のいい奴隷制度だと思うんだけど、読みたい資料があったらそれを読んでる間くらいはおもしろいかもしれないよね」「勉強を兼ねて翻刻奴隷やってみてる」というものもあった。「奴隷」という言葉が強いが、この発言をされた方は今でも参加を続けてくださっており、無償のプロジェクトとしての「みんなで翻刻」に参加されることを、自虐的に表現されたものと思う。

二〇二〇年からのコロナ禍による行動制限の期間には、「みんなで翻刻」への参加者や翻刻文字数がそれ以前より大きく伸びた時期があった。社会全体でオンライン利用がさらに広がったことや、在宅勤務などで時間ができた影響もあるかもしれない。もともと、隙間時間に翻刻に取り組むことができる、ゲーム感覚で参加できるという声もあり、これがコロナ禍により後押しされたといえるのかもしれない。

オープンデータとして

日本地震学会二〇一九年秋季大会では特別セッション「オープンデータと地震学」を開催し、地震学を取り巻くオープンデータの現状と課題について議論した（加納 2019）。一九九五年阪神・淡路大震災以降、日本の地震学は観測・研究データをより積極的に公開するようになった（たとえば、「地震調査研究の推進について（第3期）」）。制限の少ない形でデータを公開することで、多様な分析が行われ、地震現象の理解や防災対策に結びつくことは、防災科学技術研究所のMOWLAS（陸海統合地震津波火山観測網）をはじめとする基盤的観測網の成果からも明らかである。

「みんなで翻刻」では生成されたテキストをCC BY-SAライセンスで公開しているが、これはオープンデータの取り組みも意識したものである。利用可能なライセンスで公開された資料画像をIIIF経由で「みんなで翻刻」に登録し、作成したテキストを公開することで、オープンな循環が生じているといえるだろう。

「みんなで翻刻」は、AIによる翻刻支援機能によってAIの助けを借りて翻刻を進めることとしているが、「AIで一気に解読できないのか？」という趣旨の質問もよく受ける。実際、「みんなで翻刻」で作成された翻刻データの使い道として、AIによるくずし字認識への貢献があげられる。「みんなで翻刻」によって生成されるくずし字の字形とテキストがセットになったデータは、くずし字AIへの教師データとなり、AIの高精度化にもつながると期待されている。AIによるくずし字認識のコンペ（競技会）も開催された（人文学オープンデータ共同利用センター 2016）。

最近では、「みんなで翻刻」で生成したテキストを用いて、資料中の文字を自動認識しテキスト化する研究が行われている。前記の「一気に解読」に相当するものである。たとえば、国立国会図書館の次世代ライブラリーの「古典籍資料のＯＣＲテキスト化実験」の取り組みがある（ＮＤＬラボ 2022）。「ＮＤＬ古典籍ＯＣＲ」は、「レイアウト認識モデル」「文字列認識モデル」「読み順整序モデル」の三つの機械学習モデルから成っている。このうち「文字列認識モデル」「読み順整序モデル」の学習に、「みんなで翻刻」で作成したテキストデータを整形したデータセットが使われている。また、学習用に使われたデータとは別の資料が性能評価にも用いられている。

国立国会図書館の「次世代デジタルライブラリー」において、全文テキスト検索機能及び全文テキストダウンロード機能が提供されている。「ＮＤＬ古典籍ＯＣＲ」によってテキスト化されたデータである。「みんなで翻刻」の一部のプロジェクトでは、このテキストデータをあらかじめダウンロードし、ＡＩが下読みをしたものを参加者が訂正する形のワークフローも提供している。「みんなで翻刻」での人とＡＩとの協働の新たな形として、「みんなで翻刻」のデータセットを活用した成果が用いられるという好循環が実現しようとしている。また、「ＮＤＬ古典籍ＯＣＲ」のソースコードや実験の過程で作成された機械学習データセットは公開されており、二次利用が可能である。今後さらに改良されたＡＩが歴史資料の解読に利用されたり、「みんなで翻刻」に導入されたりという循環も生じることだろう。

3　歴史地震（天変地異）の研究と「みんなで翻刻」

歴史地震に関する新たな情報は得られたのか？

公開当初に想定した波及効果の（1）は多くの方が気になるようで、メディアによる取材などでも、「みんなで翻刻」で翻刻を進めることにより、歴史地震について新たな発見はあったのか？ といった質問をよくうける。正直なところこれは難問であり、色好い回答ができずにいたが、最近は可能性を示す事例も出てきた。

歴史地震研究は、研究者が地震史料を読み、そこから情報を取り出すことで進展してきた。地震史料に特化した史料集が刊行され、これを利用した分析も行われてきた（たとえば、加納・杉森・榎原・佐竹（2021）、地震史料に特化した史料集（『増訂大日本地震史料』や『新収日本地震史料』など）。研究環境の情報化、オンライン化により、地震史料のオンラインデータベース化も行われている（［古代・中世］地震・噴火史料データベース」、「地震史料集テキストデータベース」など）。

「みんなで翻刻」で翻刻を進めた地震史料の多くは、これまでの歴史地震研究によって、過去の地震像を知るために必要な部分が解読され、地震学に役立てられてきたものである。いまさら全文を翻刻したところで、新たに得られる情報は少ないとも思われる。それでも、幅広く、多数の歴史資料を解読することによって、過去の地震に関して未知の事実が発見される可能性がある。

歴史資料のなかには、表題などからは地震との関係がわからなくても、読み進めてみると地震についての記述があらわれるものがある。賀茂県主同族会の方からの申し出により二〇二三年に「賀茂社関係文書翻刻プロジェクト」を開始した。ニコニコ生放送での定例の配信でこの翻刻プロジェクトを紹介していたところ、『賀茂社記録』（全九七冊）のなかに地震の記述が含まれるものがあることに気づいた。さらに調べたところ、ほか数冊にも地震の記述がみつかった。『賀茂社記録』は、前述の「ＮＤＬ古典籍ＯＣＲ」によるテキストデータが存在し、これを「地震」をキーワードとして検索することで効率的に地震に関する記述を探すことができた。既知の地震史料と照らし合わせたところ、これまで知られていない（おそらくは小さな）地震三件の発見につながった（加納ほか 2023）。なお、検索によって抽出された四八件のうち、実際に地震についての記述であるものが二二件、ＮＤＬ古典籍ＯＣＲの誤読であるものが二六件あった。史料上では「地震」となっていないものが半数以上を占めていたことになる。「社地拾四坪」という記述の「地拾」を「地震」と判読しているケースは、誤認識といえる。また、日付の後に誤って「地震」と挿入されているケースがあるが、これは学習データとして利用した「みんなで翻刻」に地震史料が多く含まれていたことに影響を受けた可能性がある。これらは、二〇二三年八月にリリースされた「ＮＤＬ古典籍ＯＣＲ ver.2」以降では改善されている。

歴史資料の内容は読んでみないとわからないことも多く、どの資料からどんな情報が得られるかということを事前に予想することは難しいが、資料の翻刻が進めば、地震に関してもさらに多くの情報が得られると期待している。

全文テキスト化による研究の再現性の担保

波及効果の（2）について、翻刻された史料の情報を効率的に扱うには、テキストデータとなっていることが望ましい。検索や機械的な処理、分析ができるようになるからである。「みんなで翻刻」による全文テキスト化は、これを指向したものである。歴史地震研究の先輩方がやってきたように、地震史料を精読して過去の地震を再現することは重要である。一方で、これまでの研究の蓄積により、既刊の史料集を読むだけでは新しい事実を発見することは難しい。地震史料のテキスト化により、膨大な史料データから分析すべき部分を見つけ、詳細な解析につなげるような研究手法の構築が必要だと考えている。

地震史料がテキスト化され、生のデータに近い情報が、より広い分野の研究者や行政の方、あるいは市民の目にも触れられるようになることにも意義があると考える。たとえば、歴史地震研究の成果の例としてよく引き合いに出されるのが南海トラフ巨大地震の発生履歴である。歴史地震研究の成果を用いるとき、過去の個々の地震がどのようなデータに基づいてどの程度の信頼性で推定されているものなのか、あるいは、基本的なデータである史料の記述や史料そのものがどのようなものであるのか、といったことを意識せずに、事実として扱ってしまってはいないだろうか。理科年表には「被害地震の年代表」として各地で発生した地震が列挙されているが、震源の位置や規模の推定精度はまちまちである。精度を等級で示すなどの工夫もなされているが、歴史地震研究の性質として、史料の多寡や、地域的な偏りによってこのような精度のバラツキが生まれることはもっと知られてよいと考えている。

地域の歴史と防災意識

防災・減災の観点からは、歴史上の災害を紹介することによって、地域の災害軽減に向けた意識の向上に寄与できるのではないだろうか。「みんなで翻刻」を通じて、過去の地震についての記録が多数あることを知った、あるいは、住んでいる地域の過去の災害に気づいた、という声をいただいている。これは波及効果(7)に対応する成果といえるのではないだろうか。

「デジタルアーカイブ福井の資料を翻刻」や「『会津若松市デジタルアーカイブ』公開資料を翻刻」、「琉球・沖縄の世界を翻刻する」は地域資料の翻刻プロジェクトといえる。地域の災害の歴史の再発見にもつながるだろう。福井県文書館では、デジタルアーカイブ福井や「みんなで翻刻」を題材とした講座が開かれている。インターネット上のプロジェクトが、対面の場に展開し、さらなるつながりを生んでいるのである。

二〇二三年は、一九二三年九月一日に発生した関東大震災から一〇〇年の節目であり、各地の博物館などで展覧会が企画された。国立科学博物館では、関東大震災一〇〇年企画展「震災からのあゆみ――未来へつなげる科学技術」が開催され、そのなかで展示されたあいおいニッセイ同和損保所蔵災害資料の解説文には、「みんなで翻刻」で作成された翻刻文が利用されている。この災害資料や解説文は、「伝える――災害の記憶展」と題した巡回展（二〇二〇年京都文化博物館、二〇二一年山梨県立博物館、二〇二二年新潟県立歴史博物館および福島県立博物館）でも展示された（京都文化博物館編2021）。さらにデジタル展示（「災害の記憶 デジタルミュージアム」）としても公開され、8K映像技術や、AI合成音声による翻刻文の読み上げなど新たなコンテンツを生みだしている。国立科学博物館の企画展の関連イベントとして、「みんなで翻刻してみた in 国立科学博物館」も開催した。「みんなで翻刻」とデジタル展示を組み合わせ、対面での地震資料の解読を体験していただいた。お子さんから年配の方まで参加いただき、また、これまで対面したことのなかった「みんなで翻刻」の参加者にも会うことができた。また、二〇二四年度には伊那市において「古文書解読コンテスト」が開催されている。

プロジェクトの持続可能性と今後

「みんなで翻刻」の現状の費用は、サーバーやデータベースの維持費だけである。ソフトウェアの設計や開発をソフトウェア業者に委託すれば相当な金額になると思われるが、これは研究の範囲で主に橋本雄太氏が実施している。また、広報なども大学や研究機関のＵＲＡや広報部門の協力を得て実施している。その意味では大きな費用はかかっていない。ただし、科研費などの期間限定のプロジェクトであったならば、研究期間の終了とともにプロジェクトも終了してしまっていたかもしれない。オンラインであることの強みをいかし、今後も細く長く継続できればよいと考えている。

4　おわりに

「みんなで翻刻」では、多くの市民の方々の参加を得て大量の歴史資料を解読し、歴史資料の解読文というユニークなデータセットを提供している。参加者や翻刻対象をさらに拡大し、過去の人びとが書き残したものを読むことを通して、新たな知の循環が生まれる状況をこれからもつくっていきたい。

地震学は、地震の発生などの被害が起きたときに、特に注目が高まる。そのような場面では、研究の実態や、自然現象そのものの理解、あるいはそれにもとづく予測の限界や精度などについて伝える余裕がないことも多い。平時から、研究のプロセスに参加することで、学問としての地震学や、個別の研究、あるいは成果の実際を知ってもらうことは有益である。ふだんから地震が発生するような地域では、地震に対する市民の関心は高く、第6章で紹介されている「満点計画」や、安価なボードコンピュータを用いた自作地震計と観測装置で地震観測をする「ラズベリーシェイク」、米国地質調査所（USGS）の市民の体感を集約した震度分布から震源決定を行う「Did you feel it」、ハーバード大学の「地震計記録のデジタル化プロジェクト」にみるように、適切なテーマを選べば、市民の参画を得られて、理解を広げるようなプロジェクトを推進するための下地はあると考えている。「みんなで翻刻」で得たオープンサイエンスに関わる知見を、地震学と社会、あるいは、研究者と市民をつなぐ活動にも活用していきたい。

「みんなで翻刻」は、地震学や人文情報学、歴史学、文学など異分野の研究者が協力したとはいえ、あくまで研究者の発案ではじまったプロジェクトである。しかし、プロジェクトを進めていく過程で参加者と運営者（＝ほとんどが研究者）の交流が生まれ、翻刻の成果だけでなく、協働の場としてのプロジェクトを共につくりあげてきたと自負している。一方的に知識を与えたり、作業を提供したりということではなく、一定程度の双方向性を確保できたということもできるだろう。これは、少なくとも筆者は、プロジェクト開始前にはあまり予見できていなかったことである。歴史地震など、研究としての成果を追求することとならんで、「みんなで翻刻」の場をつくっていくことがおもしろくなっていったともいえる。このような研究の進め方もあると思うのである。

文献

橋本雄太 2018「市民参加型史料研究のためのデジタル人文学基盤の構築」京都大学博士論文

橋本雄太・加納靖之 2023「みんなで翻刻――歴史災害史料のシチズンサイエンス」『科学』93, 926–929.

飯倉洋一 2023「総論　なぜ『くずし字教育』が必要なのか」同志社大学古典教材開発研究センター・山田和人・加藤直志・加藤弓枝・三宅宏幸（編）『未来を切り拓く古典教材――和本・くずし字でこんな授業ができる』文学通信 https://bungaku-report.com/kotekiri.html

幾治茂内 2020『化物七段目（現代語訳付き）』（Kindle版）蘭藍沐訳、珍獣の館文庫

人文学オープンデータ共同利用センター 2016「くずし字チャレンジ！」http://codh.rois.ac.jp/kuzushiji-challenge/（情報取得 2025/1/10）

地震調査研究推進本部 2019「地震調査研究の推進について（第３期）」https://www.jishin.go.jp/about/activity/policy_revised/（情報取得 2025/1/10）

加納靖之 2019「オープンデータと地震学」https://www.eri.u-tokyo.ac.jp/people/ykano/od4s/（情報取得 2025/1/10）

加納靖之・杉森玲子・榎原雅治・佐竹健治 2021『歴史のなかの地震・噴火――過去がしめす未来』東京大学出版会

加納靖之・山本宗尚・橋本雄太・青池亨・中西一郎・大邑潤三・濱野未来 2023「みんなで翻刻『賀茂社関係文書翻刻プロジェクト』から得られた地震記事」第40回歴史地震研究会, P-15.

古代中世地震史料研究会 2020「[古代・中世] 地震・噴火史料データベース」https://historical.seismology.jp/eshiryodb/（情報取得 2025/1/10）

京都文化博物館（編）2021『伝える――災害の記憶　あいおいニッセイ同和損保所蔵災害資料』ＮＨＫサービスセンター

京都大学 2017「Webアプリケーション『みんなで翻刻【地震史料】』の公開――市民参加で地震史料を後世に残し、新たな史料発掘へ」https://www.kyoto-u.ac.jp/ja/research-news/2017-01-10（情報取得 2025/1/10）

文部省震災予防評議会 1941–1943『増訂大日本地震史料』第一巻・第二巻・第三巻、文部省震災予防評議会

ＮＤＬラボ 2022「古典籍資料のＯＣＲテキスト化実験（令和４年度〜）」https://lab.ndl.go.jp/data_set/r4ocr/r4_koten/（情報取得 2025/1/10）
東京大学地震火山史料連携研究機構 2021「地震史料集テキストデータベース」https://materials.utkozisin.org/（情報取得 2025/1/10）
東京大学地震研究所（編）1981『新収日本地震史料』第１巻他20巻、東京大学地震研究所
UNPEL GALLERY 2023「あいおいニッセイ同和損保 災害の記憶 デジタルミュージアム」https://unpel.gallery/saigai-no-kioku/（情報取得 2025/1/10）
宇佐美龍夫（編）1998『「増訂大日本地震史料」「日本地震史料」「新収日本地震史料」の正誤表』、日本電気協会

第Ⅲ部　共生社会編

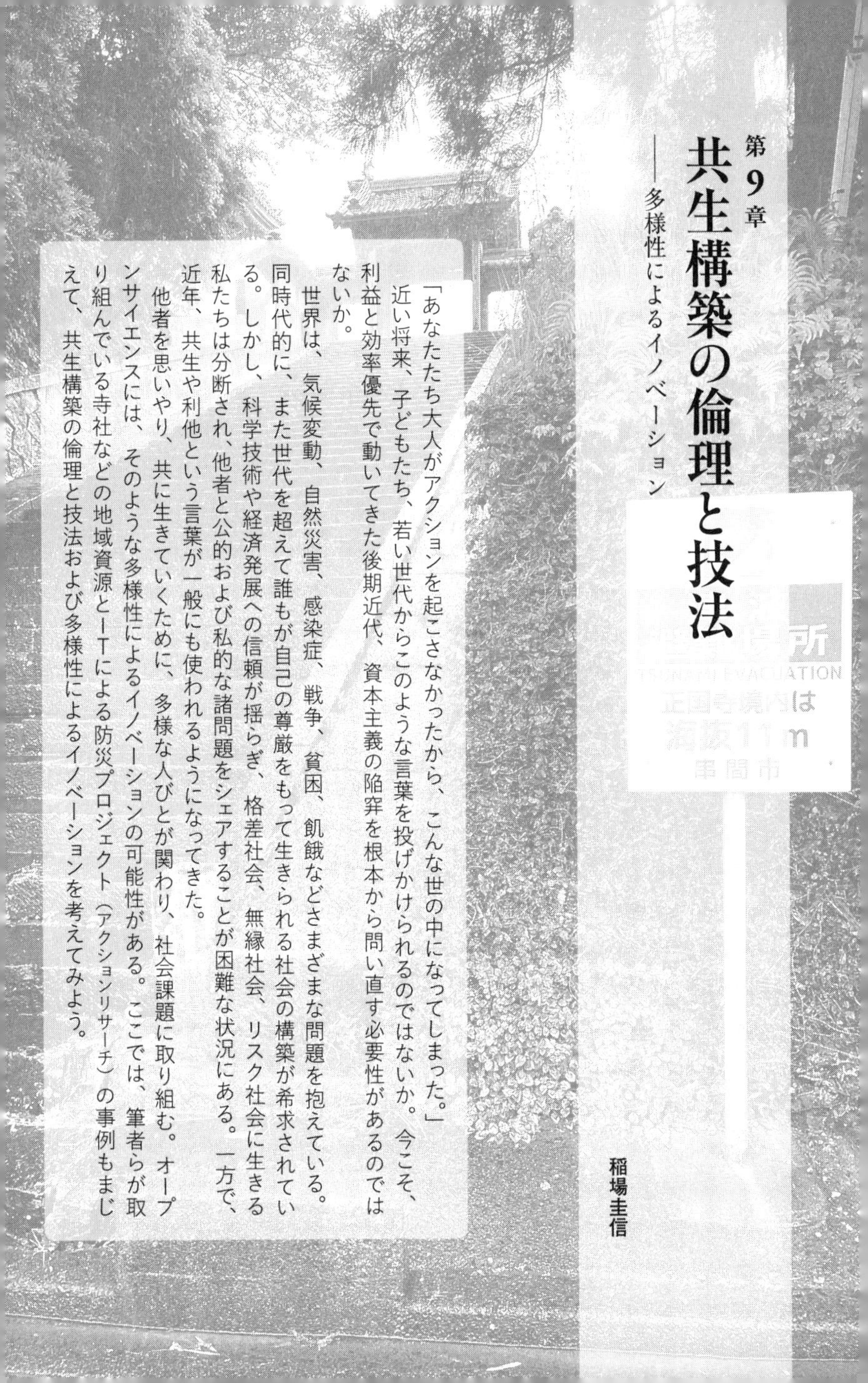

第9章 共生構築の倫理と技法

――多様性によるイノベーション

稲場圭信

「あなたたち大人がアクションを起こさなかったから、こんな世の中になってしまった。」近い将来、子どもたち、若い世代からこのような言葉を投げかけられるのではないか。今こそ、利益と効率優先で動いてきた後期近代、資本主義の陥穽を根本から問い直す必要性があるのではないか。

世界は、気候変動、自然災害、感染症、戦争、貧困、飢餓などさまざまな問題を抱えている。同時代的に、また世代を超えて誰もが自己の尊厳をもって生きられる社会の構築が希求されている。しかし、科学技術や経済発展への信頼が揺らぎ、格差社会、無縁社会、リスク社会に生きる私たちは分断され、他者と公的および私的な諸問題をシェアすることが困難な状況にある。一方で、近年、共生や利他という言葉が一般にも使われるようになってきた。

他者を思いやり、共に生きていくために、多様な人びとが関わり、社会課題に取り組む。オープンサイエンスには、そのような多様性によるイノベーションの可能性がある。ここでは、筆者らが取り組んでいる寺社などの地域資源とＩＴによる防災プロジェクト（アクションリサーチ）の事例もまじえて、共生構築の倫理と技法および多様性によるイノベーションを考えてみよう。

1　リスク社会

世の中に危険が溢れている。疫病、医療技術、気候変動、エネルギー問題に対して、専門家に加えて、社会に多種多様な声、相反する考え方がある。今、私たち一人ひとりはどの意見を信じて意思決定し、行動すればよいのか。

環境や人に重大な悪影響が生じる危険性がある場合には、その科学的証拠が不十分であっても対策をとるべきだという「予防原則」と、対策についての専門家の意見が分かれる時にそれらの意見を市民が知りうることが重要だという考え方がある（藤垣 2018）。しかし筆者は、そもそも、その予防原則こそを批判するべきではないか、というところから議論をはじめたい。予防原則は、危険を経済学的思考、すなわちコストに還元してしまう。リスクはコントロールできるという予防原則の楽観主義を捨て去り、破局論を直視することから私たちははじめる必要があるのではないか（デュピュイ 2020）。

平常時の可視化されない危険に加えて、大災害や疫病などの非常事態における危険はあらゆる人にふりかかる。ドイツの社会学者、ウルリッヒ・ベックは近代化により安全地帯で暮らせる「私たち」と危険なところにいる「他者」という構図は崩壊したと指摘した（ベック 1998）。

この危険とリスクという言葉の違いを確認しておこう。社会学者のニクラス・ルーマンは、起こりうる損害が外部の環境に帰属する場合を「危険」と規定し、起こりうる損害が人間の「決定」に帰属する場合を「リスク」と呼ぶ（ルーマン 2014）。「危険」は個人が何らかの形で制御できないものであり、まさに大地震や疫病は「危険」に分類される。それは、個人の選択決定によって避けることができるものではない。しかし、疫病下にあって、個人が、あるいは組織の構成員が感染するか否かは、ある程度、組織と個人の行動の選択と決定に帰責するため「リスク」ともいえる。「リスク」があっても組織や指導者への信頼、それにともなう安心があれば、その構成員は「リスク」を取ることができる。しかし、その信頼と安心はどのように得ることができようか。

知恵なき時代

自然災害、感染症、紛争、世の中は混とんとしている。安全も安心も不在だ。『広辞苑』（第七版）によると、安全は「安らかで危険のないこと。平穏無事。物事が損傷したり、危害を受けたりするおそれのないこと」、安心は「心配・不安がなくて、心が安らぐこと」とある。安全は科学的な知見やエビデンス、すなわち専門知にもとづいて保証されている場合で、安心はその安全の保証が必ずしもない場合にも、そこに「信頼」がある状態といえようか。しかし、信頼が集団的なものに強化されれば同調圧力ともなりうる。二〇二〇年からのコロナ禍にあって自粛警察も誕生した。専門家の意見や政府見解に国民が右往左往する。科学的な知をより開かれたものとし、知識格差を解消するといったオープンサイエンスの取り組みとは程遠い現実がある。ＰＣＲ検査、ワクチン、緊急事態宣言に対する考え方で民意も分断された。

多種多様な声、相反する考え方がある今、私たち一人ひとりは何を信じて意思決定し、行動すればよいのだろうか。人類学者のティム・インゴルドは、「これほど知識が溢れているのに、それが知恵に結びつかない時代は、実際これまでの歴史にはなかった」（インゴルド 2020: 15）と指摘し、科学によって伝えられる「知識」と、経験と想像力の溶け合った「知恵」のバランスを回復することの重要性を訴える。専門家と非専門家の非対称を解消するフラットなオープンサイエンスの必要性がここにある。

インゴルドは、以下のようにも述べている。「知恵の道は生のプロセスに対して開かれていく」（2020: 15）、「生とは、閉じる動きではなく、開いていく動きであり、目の前に置かれているかもしれない限界を絶えず乗り越えていくものである。したがって、身体技法や心の習慣を含め、生のための私たちの装置は、すでに出来上がったものなのではなく、他者とともに、あるいは他者と並んで行う活動のるつぼの中で、常に鍛えられるものなのである」（2020: 54, 55）と。

一方で、知恵の道や救いが与えられるという考え方もある。宗教だ。ドイツの社会学者、マックス・ウェーバーは、「倫理的預言」と「模範的預言」という宗教の二類型を提示した（ウェーバー 1992）。「倫理的預言」は神の意志に基づく倫理的「義務」として神への服従を要求するが、「模範的預言」は、宗教的リーダーが自らが体得したものを同じ道を歩もうとする人びとにロールモデルとして生き方を示す。そこにはインゴルドの言う知恵があろう。

『広辞苑』にもどろう。「安心（あんしん）」の次に「安心（あんじん）」の説明もある。「信仰により心を一所にとどめて不動であること」とある。宗教においては、安心につながる信頼は救済論という公正世界信念と関連がある。善い行いは報われ、罪は罰せられる。世界はそのように公正にできているという信念だ。善行や悪徳行為にもとづいて救済が決まってくる因果応報、神の裁きへの信念はこの世における実践的態度に影響を及ぼす。救済論における信頼は、自らの行いを律することによって安心をもたらすのだ。しかし、強い自覚的信仰をもつ人が少ない社会においてはどうしたらよいのか。

グローバリゼーション、リスク社会、多文化主義の危機、個人化社会といった二〇世紀から二一世紀をまたぐ大きな変化のうねりの中で、分断社会、すなわち共助が困難な現実に私たちは生きている。社会のさまざまな領域での分断が、オープンサイエンスの取り組み、環境問題や災害対応などの問題を適切に認識することを困難にし、解決策の有効性を減ずる原因にもなっている。

何が正しいか不確定な状況下にあって、社会の問題について、専門家、行政、市民、企業、多様な社会的アクターが意見を交換し、議論を通して社会的合理性を構築していくことも重要だ。従来、専門家と一般市民の関係は、専門家から市民への知識の一方向の流れを仮定した。すなわち、市民の知識欠如モデルだ。その考え方は今も根強くあるが、社会生活においては一般市民の方が狭い分野に生きる専門家よりも賢明な判断ができるという主張もある。いわば、民衆の知恵である（宮本 1987）。

知は発明・生産されるが、知恵は発見・発掘されるものといえようか。学術、政治、あるいは宗教、どの世界にも、人類の営みの中に生き続けてきた知恵がある。そして、多様なアクターの共創により発明・生産される知との ハイブリッドにより、やっかいな問題（堂目・山崎編 2022）が解決されるのではないか。

共生と利他

今、求められているのは、人間誰もが、同時代的にさらには世代を超えて、人間としての尊厳をもって生きられる社会の構築だ。通奏低音として流れるものは「いのちの尊さ」である。自らとともに他者をいつくしみ、自然を、生きとし生けるものをいつくしむ生き方だ。人間観、世界観、人生観に影響を与え、日常的な実践に生かされる知恵が必要である。知識だけではなく、われわれ一人ひとりの生き方の変化こそが重要なのだ。

私たちが目指すフラットなオープンサイエンスの根底には、共生、共に生きることがあろう。共生の場には自己と他者が存在する。時には争いも生じようが、他者のために行動することもある。利己と利他の相克もある。

利他とは、読んで字のごとく、自己の利益ではなく他者の利益になる行為である。利他主義に関係する人間の心と行いについては、人類の歴史において古くから論じられてきた。そこには大きく分けて三つの見解が存在する。人間性悪説、人間性善説、そのどちらでもないとする三つの見方である。人間性悪説はマキャベリやホッブズなどの社会思想の出発点となっている。人間は生まれながらにして自己中心的で、ルールがなければ自己の利益のために悪さをもするという考え方である。反対に孟子に代表される人間性善説は、人間は本来的には善なるものであるという考え方だ。そして、第三の考え方は、環境によって人間は善人にもなれば、悪人にもなるというものである。二〇世紀末からの研究は、利他主義は社会生活によって学ぶことができるという第三の考え方をベースにした結果を数多く提示している（稲場 2018）。

利他主義、社会貢献、災害支援に関わる人がいる一方で、自分の利益しか考えない人もいる。この国で収益を上げながら税金を逃れようと海外に拠点を移す企業や資産家がいる。消費者の安全をないがしろにして利潤を上げ、それを隠蔽する企業がある。人びとの「思いやり」の度合いに格差が生じているという実感から、筆者は、二〇〇八年、『思いやり格差が日本をダメにする』(稲場 2008)という本を上梓し、「思いやり格差」社会へ向かいつつある社会に警鐘を鳴らした。ある人は、行き過ぎた利己主義に違和感を持ち、思いやりを持って、人のために、ボランティアなどの実践をしている。その一方で、食の偽装や粉飾決算といった、自分さえよければいいという企業のあり方、社会のあり方が問題化したように、自分が得をすればいい、人を蹴落としてもだましても儲かればいい、という人がいる。思いやり格差は広がっている。社会の分断化、人間関係の希薄化、事実を偽って自己の利益のみを考える社会の風潮、拝金主義、このような社会に不安を抱いている人も多い。はたして、支え合う利他的な社会、共生社会を構築することは可能なのか。

2 多様性によるイノベーション

従来のイノベーションのもとに推進されてきたのは科学技術イノベーション(Technology-Driven Innovation : TDI)である。TDIのみで進めば、一部の企業、資本家だけが独占して富を得る。そして終わりなき競争は格差社会と分断社会を生み出している。その搾取の構造の推進に人文・社会科学に身を置く筆者はおいそれと応じるわけにはいかない。そこで、共に生きる視点からのソーシャル・デザインとして、多様なヒト・モノ・コトとの共生を志向する協働実践、共創によるイノベーションを「多様性によるイノベーション(Diversity-Driven Innovation : DDI)」と命名し、TDIとD

DIを車の両輪として、よりよい社会を目指す。どちらかに偏って暴走しない、共生を目指したい。それが筆者の研究実践である。

格差社会、個人化・無縁社会、リスク社会に生きる現代人は分断され、他者と公的私的な諸課題をシェアすることが困難となった社会である。そこに二〇一一年、東日本大震災が起きた。多くの人が東北に駆け付けた。義援金を送った。血縁や地縁がなくとも、たとえ他人であっても苦難にある人へ心を寄せた。利益と効率のみを追求し、人をモノのように使える・使えないで切り捨て、自己責任論のもと個人に過剰な負担がかかる社会、勝ち組・負け組の分断社会、地縁・社縁・血縁が失われた「無縁社会」に、東日本大震災後、「共感縁」が誕生した（稲場 2011）。社会は変わるだろうか。

少子高齢、地方の過疎、災害の頻発、子どもの貧困など諸難題を抱える社会にあって、同時代的にさらには世代を超えて誰もが人間としての尊厳を持ち、さまざまな困難に立ち向かえるレジリエントな共生社会の構築が望まれている。災害多発国である日本は、科学技術や土木技術によるレジリエンス構築において世界の最先端に位置する。しかし、他方では、科学技術や経済発展への信頼が揺らぎ、障がい者・高齢者・外国人・病者・子どもなどのマイノリティが排除され、貧困層が増加し、さらには死者を悼むことさえ不十分な社会でもある。こうした現代社会の文脈において、頻発する災害に対してレジリエントな社会を構築することは喫緊の課題であると同時に、平常時の見守りのシステムを構築していることが重要となっている。そのキーの一つになるのが、地域資源としての宗教と科学技術と筆者は考えている。

従来の地縁のネットワーク（自治会組織や寺社など）を再評価する一方で、NPOを含めた市民の新たな動きと連携して、理工・人文社会系の技術と知の融合によるＩＣＴを利用したソーシャル・イノベーションによって、従来のリジットな共同体ではなく、組織、人、知の壁を越えた多様性・流動性を前提とする新たなコミュニティを構築すること。利益・効率を超えた、利他・支えあい、共生という共通価値を創出し（Creating Shared Values）、安全・安心社会の共生社会の実現に貢献することに、筆者らのプロジェクトグループは取り組んでいる。この多様性によるイノベーションはまさにフラットなオープンサイエンスのあり方に合致した一つの試みである。

ＡＩやＩｏＴなどの科学技術による第四次産業革命とSociety5.0の進展にあって、利他的な支えあい、共生という共通価値の創出は、利益・効率のみを追い求める後期資本主義の陥穽を根本から問い直す。それ自体がソーシャル・イノベーションとなる。ＩＣＴを現実の諸困難に接続し、従来にはない社会的アクター間のつながりを創出する過程において、人類の諸困難に共感し、その解決にコミットする人材、データリテラシーとアントレプレナーシップを併せもつ人材、知のキュレーターが育成される。社会的諸課題が発展的に解消され、利他的かつレジリエントな共生社会が生みだされていく。方法論と結果が循環する安心・安全の共生社会のシステムの構築である。次の節では、多様性によるイノベーションを生み出す技法を検討しよう。

3　共創とアクションリサーチ

既存の制度や学問体系および方法論は社会の分断を解消する助けにはならず、利他的な支えあいを困難としている。今日、理工系の技術と人文社会系の知の融合による実践志向の研究（トランスディシプリナリー）が必要である。また、近年の社会調査・データの増加や科学技術の進歩の一方で、そのような知見や技術を社会認識につなげたり、社会実装したりすることは容易ではない。さまざまな社会的課題の解決には、人と知のキュレーション、大学と企業や社団法人など多様なステークホルダーによる「共創」が必要だ。

共創には、人が共同で生きていく「場」が重要となる。清水博は、人間が生きていくうえで重要な「場」として、「生活の場」と「人生の場」という二種類の場があると論じている（清水 2003）。「生活の場」とは即興的な生活体験がリアルタイムに行われている場であり、「人生の場」は、多様な「生活の場」におけるさまざまな生活体験を反省的に振り返ってその生活体験を編纂し、人生という個人の歴史を編成する「場」である。この編纂というプロセスにおいては、「人生はかくあるべきである」という哲学や「人生をこう生きたい」という願望があり、さらに、創造には「世のため、人のため」という志や使命感が存在すると主張する。しかし、「場」における社会は、排他的で、内部でも制裁が待っていることもある。そこには、内輪主義、部外者の排除、個人の自由の制限、規範の強制などがある。仲間集団の閉鎖性は、自国中心主義、社会の分断化も生んでいる。二一世紀、このような排他的な動きが世界各地で起きている。世界を見渡すと「〇〇ファースト」が横行し、民族・人種の多様性を尊重する多文化主義は瀕死の状況となってしまった。生物的特徴ではなく、文化的特徴による人種差別が生じてきた。文化が肯定的に捉えられる一方で、文化に基づく差異や隔絶が人間を分断させることにもなっている。

多様な人種が住んでいるイギリスもアメリカ合衆国もメルティング・ポット（人種のるつぼ）ではない。メルト（融合）しておらず、モザイク、あるいはサラダ・ボール状態となっている。民族や人種でわかれている地域がある。そして、今、多様な民族や人種の共生がますます困難な時代に突入した。異質な他者との「共生」の関係をどのように構築するのか。グローバル化する現代、社会の枠組みが大きく変容している今、「共生」は世界的なテーマである。

その共生を目指す研究実践の一つとして、アクションリサーチという研究手法がある。この研究手法では、価値観が強く打ち出される。ここが従来の研究とは大きく異なる点である。研究の対象を選定する場合にも少なからず自らの価値体系に影響を受けているために、完全なる客観性の確保は難しい。そこで自分の価値体系（ポジショニング、立ち位置）を自覚した上で、それにとらわれず研究を進めることが重要であるとするマックス・ウェーバーの価値自由が一つの研究スタンスとしてあるが、アクションリサーチは、そのようなスタンスをも超えてゆく。ポジショニングを自覚しながら、価値判断を伴う研究実践への参画がアクションリサーチだからだ。

アクションリサーチとは、研究者が、よりよき社会の構築につながる可能性のある研究実践を自覚的に行うことである。その研究実践が場合によっては現場を混乱させ、被害を生み出す危険性もあることを自覚しながら協働実践に参画し、たえず自分の関わりを顧みる再帰的な取り組みである。ある社会問題に対して、他人事として傍観者になることもできる。一人の人間として、励ましの言葉をかけることもできる。政治的な活動に共に関与するという選択肢もある。アクションリサーチは、「一つの生き方の選択肢」なのである（矢守 2010）。

アクションリサーチには、計画・実践の先に、評価・修正・適用の段階がある。他の環境・社会事象への適用へと進むのである。調査の知見を今後に生かす、他の地域に生かすということである。アクションリサーチの知見が社会に広がるには、ナラティブを受けとめる聴衆が必要である。社会的認知度をあげ、サポーターを増やす必要がある。実践に強くコミットした研究に対して、「研究者のやることか?」といった反応もあるが、アクションリサーチを知っている人、実践している研究者は、そのような反応を荒唐無稽なものと感じる。対象との相互作用、振り返り、リフレクティブな作業自体がアクションリサーチの研究実践なのである。調査研究は同業者集団による成果でもある。

4　地域資源と科学技術による減災

ここで取り上げるアクションリサーチは、筆者らが取り組む地域資源と科学技術による防災、宗教者による支援活動・復興イベントや宗教施設と市町村の災害時協定・協力の仕組み作りでの協働実践である（稲場 2020）。人文社会科学に加えて、工学、情報科学、医学・保健学の専門家とも連携している。そして、一般社団法人地域情報共創センター、一般社団法人全国自治会活動支援ネット、防災教育を日常的にも行っているＮＰＯ法人日本災害救援ボランティアネットワーク、ＮＰＯ法人日本防災士会、災害支援を行う宗教者のネットワークである宗教者災害支援連絡会、その他防災技術関連の企業、地方自治体などとの産官社学連携で「共創」を進めている。

二〇一一年三月一一日、東北地方太平洋沖地震（東日本大震災）が発生した。この時、宗教者らの対応は迅速であった。現地へ先遣隊を送り、宗教界全体が安否確認・救援活動へと動いた。指定避難所になっていない寺社教会などの宗教施設に住民が多数避難した。指定避難所となっていた小学校の体育館は板張りで避難生活には身体的負担がかかる。一方、寺院には畳があってよかったという声もある。被災地では一〇〇以上の宗教施設が避難所となった。

二〇一六年の熊本地震の際には、災害ボランティアセンター（以下、ＶＣ）の運営に宗教団体が深く関わった。益城町では天理教災害救援ひのきしん隊が災害ＶＣが対応できないニーズに対応した。また、熊本市東区では、真如苑熊本支部の敷地内に災害ＶＣのサテライトが設置され、社会福祉協議会と真如苑救援ボランティアサーブ（ＳｅＲＶ）が共同で災害ＶＣを運営した。

熊本地震や西日本豪雨などの被災地でも宗教施設が避難所となっている。筆者らが実施した二〇二〇年調査（「自治体と宗教施設・団体との災害時協力に関する調査報告」）では、災害時における自治体と宗教施設の連携は自治体数で三二九、宗教施設数で二〇六五にのぼることがわかった。そのような実態を踏まえて、二〇二二年五月、増上寺にて公益財団法人日本宗教連盟「第六回宗教法人の公益性に関するセミナー」「防災・減災、災害時の地域協力　社寺教会施設の活用を考える」が開催され、ビデオメッセージで二之湯智防災担当大臣（当時）と小池百合子東京都知事が、宗教施設を災害時活用することと行政が連携することとの重要性を述べた。

東日本大震災以降、前述のように宗教施設と行政との協力的な体制が生まれている中、筆者らは宗教施設を含めた防災マップ「未来共生災害救援マップ（略称：災救マップ）（https://map.respect-relief.net/）」を開発し、運営している。二〇二三年一〇月の段階で災救マップには自治体と何らかの災害時協力関係がある宗教施設が四四〇〇以上も登録されている。

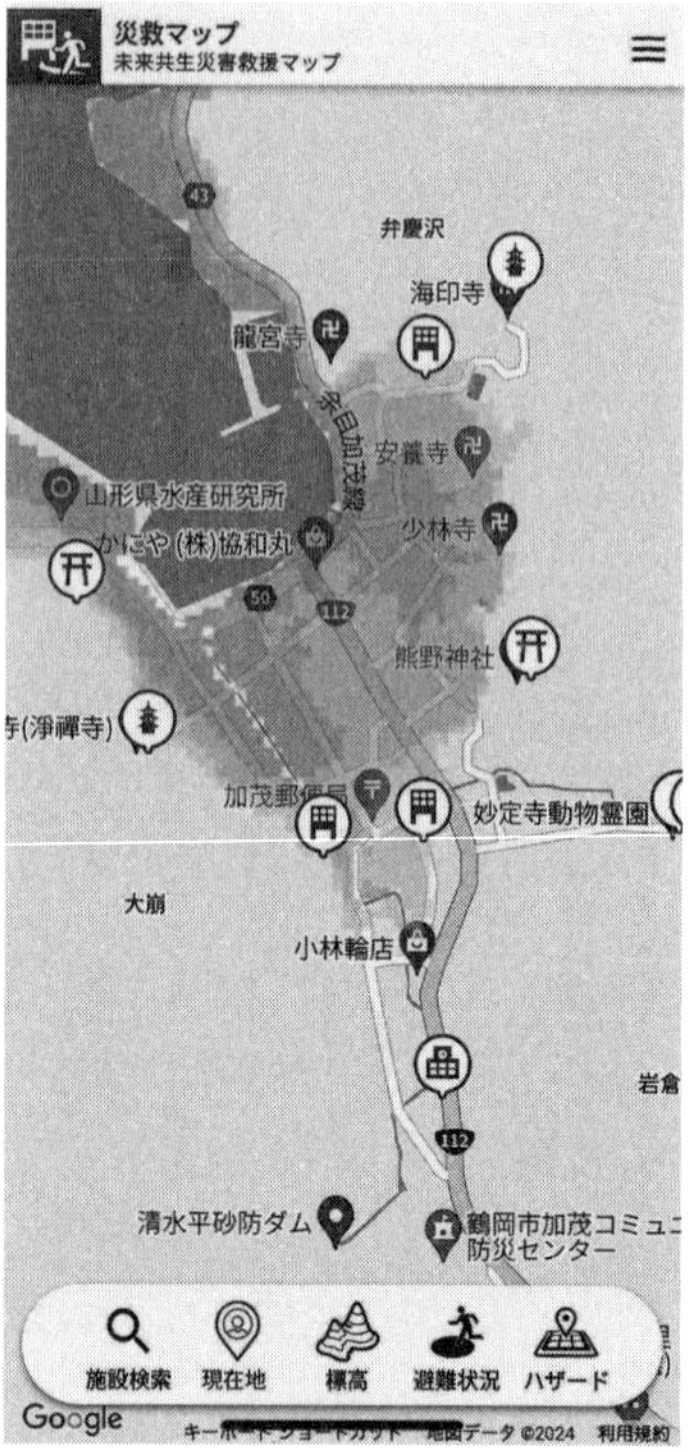

図1　災救マップ

小学校や公民館に加えて、全国に存在する宗教施設を地域資源とし、防災対応を基礎に地域をつなげる、新たな縁を実践的に模索する試みである。令和の時代のうちに、残念ながら南海トラフ巨大地震や首都直下巨大地震が発生する可能性は極めて高い。このような大災害が発生すれば、災害支援は行政の力だけでは足りない。広域にわたり電力が失われる。連絡もとれない。道路が寸断され、流通備蓄も機能しない。宗教施設・団体と、行政、地域住民が災害時連携することは社会的要請でもある。

人びとのつながりが弱体化した社会において、近年、宗教施設が宗教関係外にも、カフェ、高齢者向けの朗読会、子育て支援の集い、また婚活イベントの開催など、地域をつなぐ拠点としてあらたな機能をもった存在へと変化した事例がある。人びとの集まる場として地域住民のつながりの維持や新しいつながりの創出に取り組んでいる宗教施設が、平常時のみならず非常時においても力を発揮する

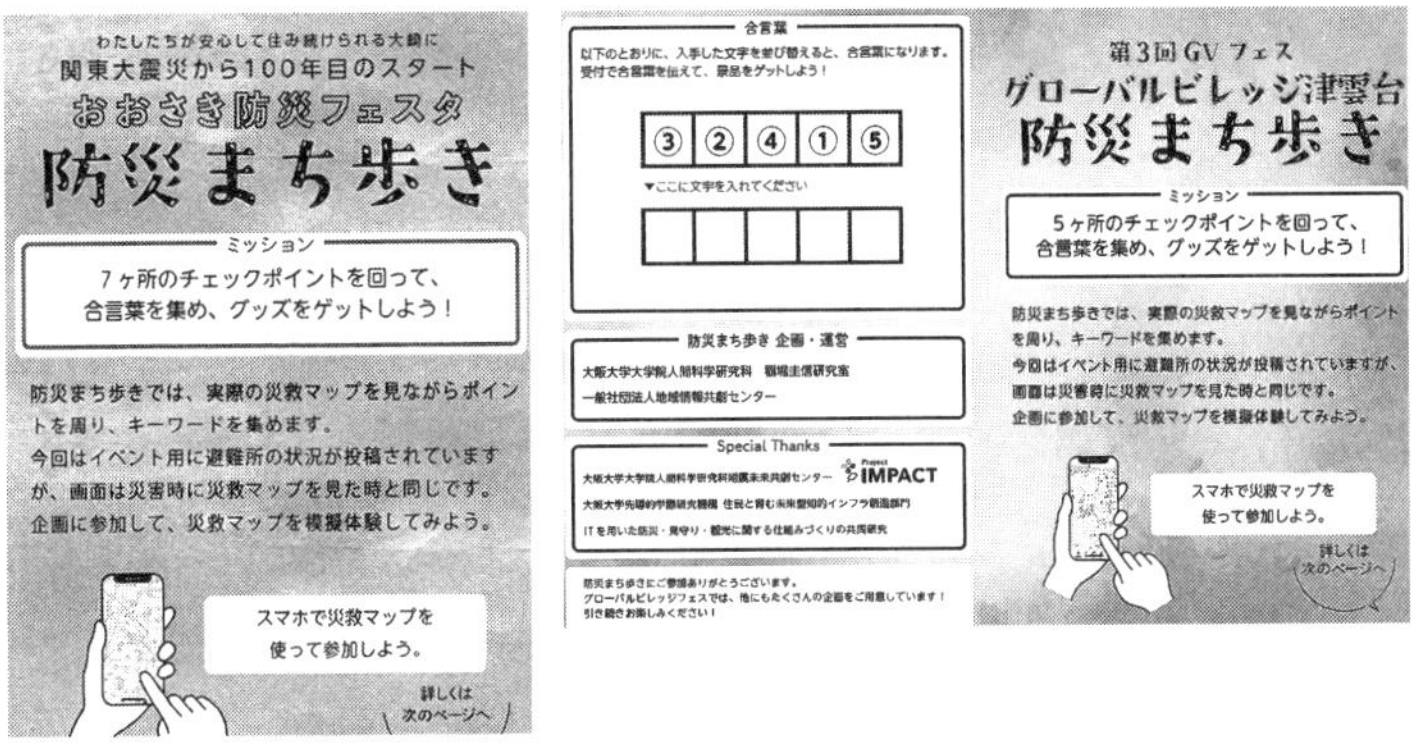

図２　災救マップ防災まち歩きのパンフレット表紙

であろう。個人ではなく、地域で防災を考え、備蓄をすることは、地域コミュニティのつながりを作り出すことにもなる。完璧な仕組みはどこにもない。リスク社会における利他主義の実践のために、まず、一人ひとりができることに取り組みたい。

災救マップを活用した防災まち歩きも各地で行っている。寺社宗教施設、避難所に謎解きを仕掛けて、それらを楽しみながら回る防災は、防災にもともと興味のない、逆説的に「最も防災訓練に参加してほしい」対象者を引っ張り出せる可能性がある。

上記の共同研究は、ＩＣＴを用いて、全国に存在する約一八万の宗教施設、約三〇万の自治会組織を地域資源とし、防災対応を基礎に地域をつなげる、新たな縁を実践的に模索する試みである。地域資源とＩＴ、人文社会系と科学技術の融合という、これまでに例のない新たなつながりを創出する共創、アクションリサーチである。しかし、防災・危機対応のみでは社会的波及効果が薄い。今、平常時のこども食堂とも連携しての動きをつくっている。

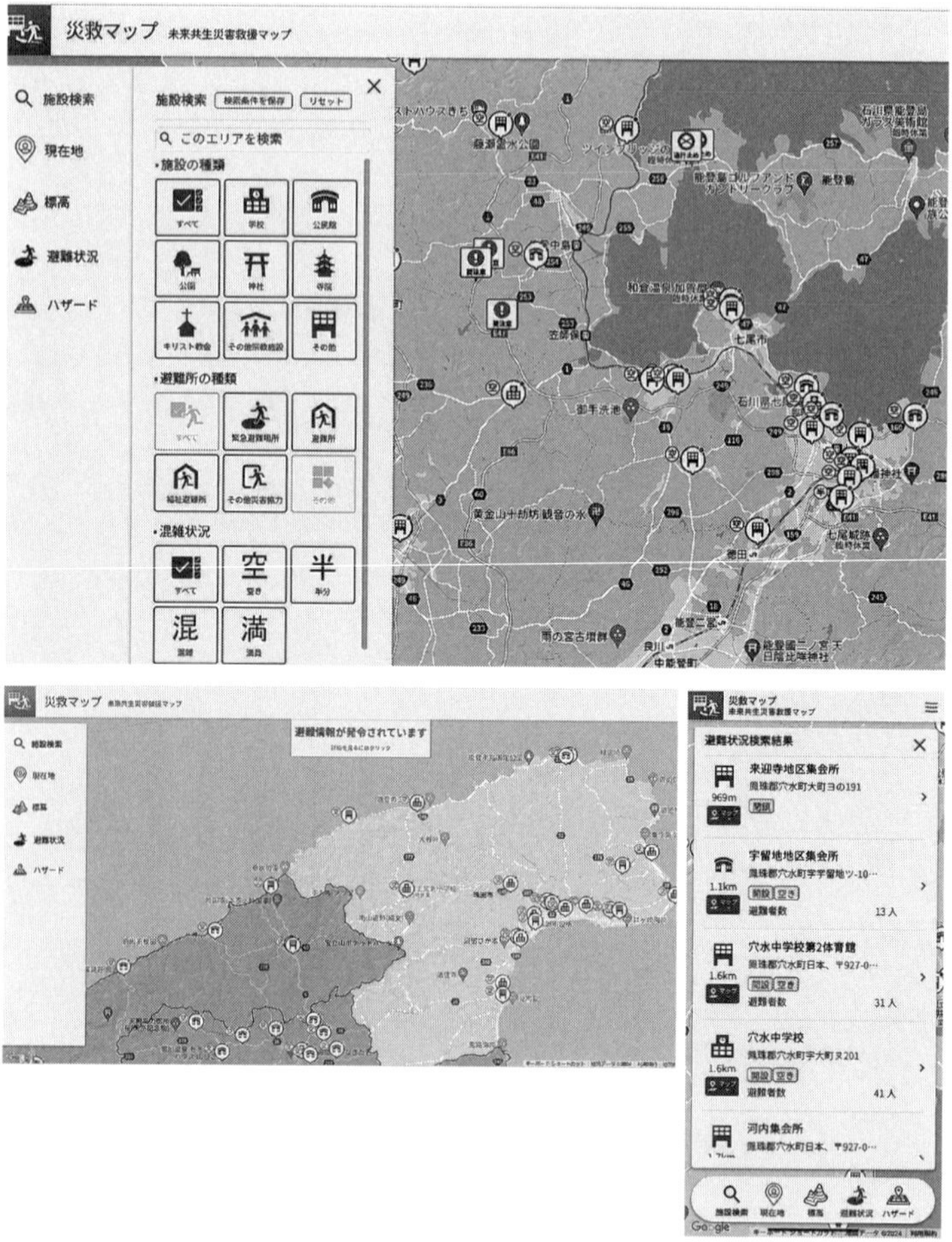

図３　災救マップ　令和６年能登半島地震における開設避難所

そのような中、令和六年能登半島地震が発生した。一月一日の地震発生直後には、津波警報が発令されて高台にある寺社などに避難した人もいる。たとえば穴水町では、真浄寺は「緊急避難場所（津波時避難所として使用）」に指定されており、今回の地震・津波で地域住民が避難した。一〇日まで二〇名の避難生活が続いた。同じく、神杉神社は「緊急避難場所（津波時避難所として使用）」に指定されており、今回の地震・津波で地域住民が避難した。五日まで三〇名の避難生活が続いた。一方、八坂神社は、緊急避難場所に指定されていなかったが、今回の地震・津波で地域住民が避難した。七日まで二〇名の避難生活が続いた。

外部からの宗教者の支援活動も迅速であった。それは、被災地に寺社教会などの宗教施設があり、その宗教施設の本山や本部がプッシュ型で支援に入ったこと、また、被災しながら被災地の宗教者が情報を他の地域の宗教者に共有できたからである。行政による情報集約、緊急救援とは別の仕方で、あまり知られていないが、確かに地域住民に寄り添った活動が展開されている。

5　多様性による共生の未来への希望

令和六年能登半島地震の被災地で、「とりもどせ！　能登半島」というスローガンを見た。被災地での厳しい現実がある。日本全国を見れば、人口減少時代、地方の過疎化の流れで地方消滅といった論調もある。一方で、災害支援で関わる人たち、いわば「よそ者」が寄り添っていくこともある。あるいは、復興の過程で、復興支援といった名目の観光客もいる。被災地ではなく、何かのきっかけ、偶然で、ある土地を訪れることもあるかもしれない。交流人口だ。なんらかの理由で、あるいは理由がはっきりしないかもしれないが、その地域への関心が深まり、繰り返し訪れる。人と人、人と地域のつながりが生まれる。関係人口だ。

関係人口には、自分自身が関係している地域をより良くしていこうとする、当事者意識がある。それは、開かれた地域社会に生まれる。いわゆる閉鎖的な共同体、結束型ソーシャル・キャピタルではない、橋渡し型ソーシャル・キャピタルに関係人口は生まれる。自分の生まれ育った地域に誇りをもち、愛着を持っている人たちが、よそ者と関わっていく。そして、よそ者の中に、自分が関わっているその土地への愛が生まれる。それは、その土地の人にも、よそ者にも双方によい影響を与える。

共生、思いやり、利他、社会貢献といったものは、さまざまな所に標語のように掲げられている。しかし、言葉だけを発信しても結局、人は変わらない。一つには、さまざまな共同作業を通して、人びとが互いの価値観の衝突を乗り越える経験をすることが大事だ。仲良しグループの中だけで、予定調和的に顔色をうかがいながら表面的に仲良くしていたのでは、心の底から相手を尊敬し、相手の立場を思いやることはできない。そこからは本当の意味での利他的な行動は生まれない。筆者は「価値観の衝突は心の栄養剤」と訴えてきた（稲場 2008）。

もう一つは、思いやり、利他的精神を持った人の実際の行動を見るなど、生きたお手本と接することが必要だ。これまで筆者がさまざまな場で出会ってきた、社会貢献している人たちに共通するのは、皆、あの人と一緒なら参加したい、頑張りたいという思いを起こさせる人たちだ。彼ら彼女らは、周りから信頼され、誠実に物事を進めていた。そして、「頑張り過ぎて倒れてしまわないように楽しく取り組もう」というような思いやりも持っている。社会貢献できる人間力というのは、こういったところにあるのだろう。

支え合う利他的な社会、共生社会の構築のために、人文社会系の知と理工系の知、大学外の知との融合による「共創」、オープンサイエンスの取り組みは有効だと信じる。理想主義と揶揄されようが、すぐに成果が見られなくとも粘り強く継続する姿勢が大切なのではないか。

時代に対応して変化すること、また、問題がある時にそれに対応すること、それが機能しない状況には同じダイナミズムがあるのではないか。日本はある見解を変えたり、取り下げたりすることが難しい社会という見方がある。哲学者であり批評家の東浩紀は、「小さな変革を後押しするためには、いままでの蓄積を安易に否定するのではなく、むしろ過去を『再解釈』し、現在に生き返らせるような柔軟な思想が必要」と指摘する（東 2023）。ものごとを前に進めるために、リセットするのではなく、現在と過去をつなぎなおす、その力が「訂正する力」だ。

大人はそれまでの人生において、すでに価値観が形成されており、変わるのが難しいという考え方がある。大切なものを守りながら、時代の変化に対応していく。難しいかじ取りは社会のあらゆる場で求められている。楽観は人を現状維持、思考停止させる。希望は人にチャレンジする勇気を与える。無暗な楽観主義ではなく、先を明るく見て希望を持ちたい。

文献

東浩紀 2023『訂正する力』朝日新聞出版

ベック、U 1998『危険社会――新しい近代への道』東廉・伊藤美登里訳、法政大学出版局
堂目卓生・山崎吾郎（編）2022『やっかいな問題はみんなで解く』世界思想社
ジャン＝ピエール・デュピュイ 2020『ありえないことが現実になるとき――賢明な破局論にむけて』桑田光平・本田貴久訳、筑摩書房
藤垣裕子 2018『科学者の社会的責任』岩波書店
稲場圭信 2008『思いやり格差が日本をダメにする――支え合う社会をつくる8つのアプローチ』NHK出版
稲場圭信 2011『利他主義と宗教』弘文堂
稲場圭信 2018「宗教の社会貢献――宗教的利他主義の実践と共生社会の模索」池澤優（編）『いま宗教に向きあう4　政治化する宗教、宗教化する政治』（pp. 211-226）岩波書店
稲場圭信 2020「共生社会にむけての共創――宗教と科学技術による減災のアクションリサーチから」志水宏吉ほか（編）『共生学宣言』（pp. 193-213）大阪大学出版会
インゴルド、T 2020『人類学とは何か』奥野克巳・宮崎幸子訳、亜紀書房
ルーマン、N 2014『リスクの社会学』小松丈晃訳、新泉社
宮本常一 1987『宮本常一集24　民衆の知恵を訪ねて』未来社
清水博 2003『場の思想』東京大学出版会
ウェーバー、M 1976『宗教社会学』武藤一雄・薗田宗人・薗田坦訳、創文社
矢守克也 2010『アクションリサーチ――実践する人間科学』新曜社

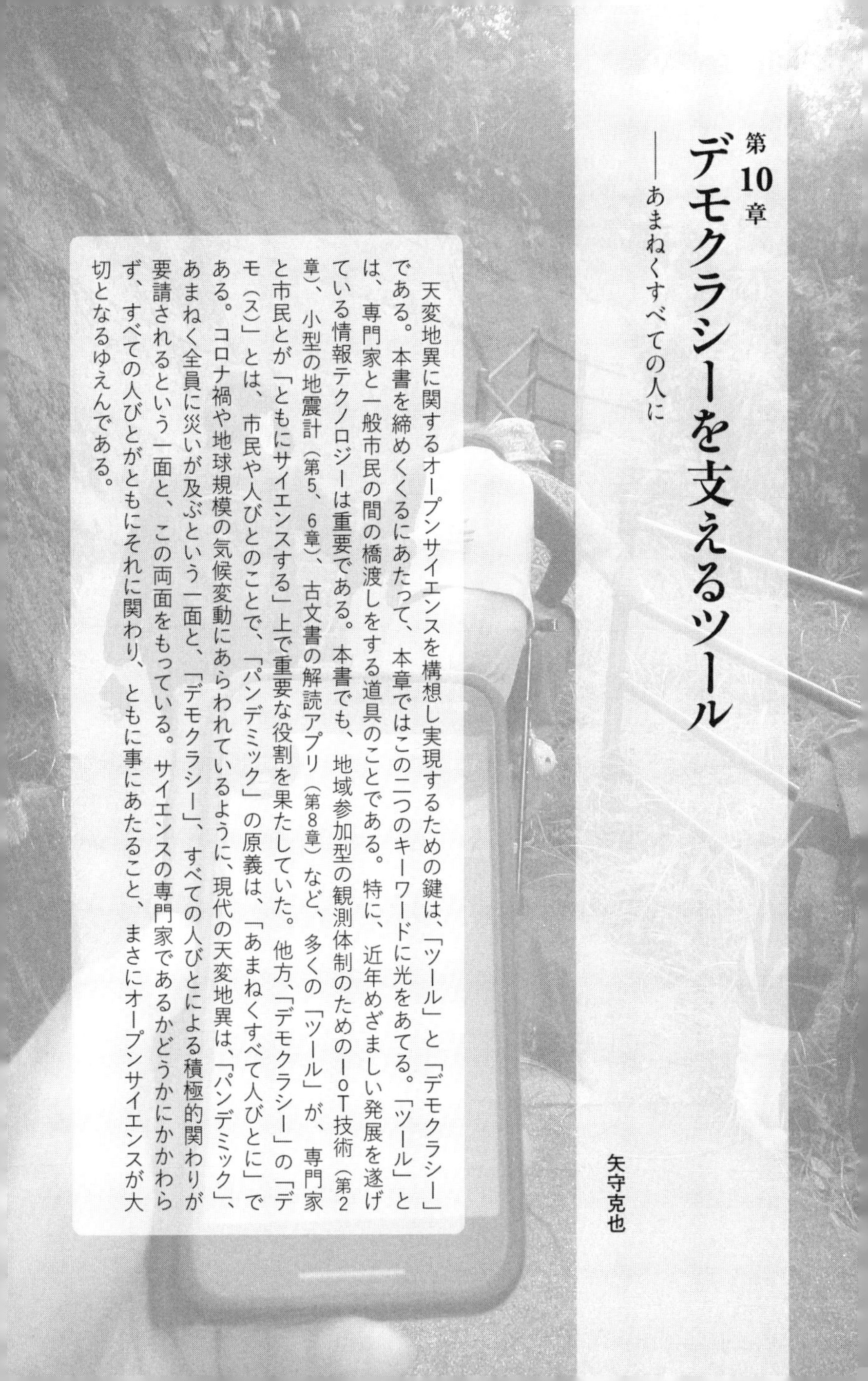

第10章 デモクラシーを支えるツール

——あまねくすべての人に

矢守克也

天変地異に関するオープンサイエンスを構想し実現するための鍵は、「ツール」と「デモクラシー」である。本書を締めくくるにあたって、本章ではこの二つのキーワードに光をあてる。「ツール」とは、専門家と一般市民の間の橋渡しをする道具のことである。特に、近年めざましい発展を遂げている情報テクノロジーは重要である。本書でも、地域参加型の観測体制のためのIoT技術（第2章）、小型の地震計（第5、6章）、古文書の解読アプリ（第8章）など、多くの「ツール」が、専門家と市民とが「ともにサイエンスする」上で重要な役割を果たしていた。他方、「デモクラシー」の「デモ（ス）」とは、市民や人びとのことで、「パンデミック」の原義は、「あまねくすべて人びとに」である。コロナ禍や地球規模の気候変動にあらわれているように、現代の天変地異は、「パンデミック」、あまねく全員に災いが及ぶという一面と、「デモクラシー」、すべての人びとによる積極的関わりが要請されるという一面と、この両面をもっている。サイエンスの専門家であるかどうかにかかわらず、すべての人びとがともにそれに関わり、ともに事にあたること、まさにオープンサイエンスが大切となるゆえんである。

1　オープンサイエンスを支える「ツール」

ユビキタス・能動性・データベース

天変地異のオープンサイエンスの多くは、それぞれ独特の「ツール」、つまり、専門家と一般市民とを橋渡しする道具に支えられている。本書の中で紹介した事例からいくつか例示しておこう。局所的な気象災害の兆候をとらえるための観測機器（第2章）、市民にも取り扱い可能な地震計（第5、6章）、市民が避難訓練の行動ログを計測し分析するためのスマートフォン（GPSロガー）（第7章）、古文書の解読を助けてくれるアプリ（第8章）、これまで縁が深いとはいえなかった防災・宗教・地域の各セクターをつなぐ「災救マップ」（第9章）といった「ツール」である。これらの「ツール」のいずれもが、専門家と市民が「ともにサイエンスする」上で重要な役割を果たし、オープンサイエンスを支えている。

こうした「ツール」の多くは、近年めざましい発展を遂げている情報テクノロジーを基礎にしている。情報テクノロジーがオープンサイエンスを強力に推進するための「ツール」となるのは、けっして偶然ではない。この点は、次の三つの特徴からおさえておくことができる。

まず第一に、近年の情報テクノロジーは、「ユビキタス」（遍在性）というワードに象徴されるように、研究室や実験棟といった一部の領域やそこで活動する人たちにだけ限定されるのではなく、社会の隅々にまで行きわたる性質をもっている。それは、いつでも、どこででも、そして、社会を構成するすべての人びとと接点をもちうる。この強力な遍在性が専門家だけでなく市民の道具たりうることの基盤となっている。従来、専門家だけが保有し操作していた特殊な「ツール」によってのみ測定することが可能だった災害現象（豪雨や地震動など）が、市民一人ひとりにもモニタリング可能となったのは、このためである。

第二に、こうした情報機器は、単に一人ひとりとともにあるというだけではない。情報の流れという観点から見たときに、一人ひとりの市民が「ツール」に対してもっている位置が受動的なものから能動的なものへと変化したことが大切である。たとえば、テレビやラジオのことを考えればよい。これらも、それが個人所有されポータブルになった段階で、相当高度な遍在性をもっているといえる。しかし、これらの道具は、基本的に、一人ひとりの市民に情報を送り込む方向で関与する。市民は情報の流れにおいて受動的である。他方で、スマートフォンや、第2章で紹介したモニタリング機器は、局所的な情報を、市民から専門家や行政機関に、あるいは、他の市民に向けて送信する方向で（も）活用されている。こうしたケースでは、市民は「ツール」を介して、専門家などに対して以前よりもはるかに能動的な位置にある。

第三に、近年の情報テクノロジーは、大量の情報を長期間にわたってデータベースとしてストックし、そこから特定の目的に応じて情報を検索し、かつ、多くの人がそこへとアクセスすることを可能にしている。この性質は、たとえば、大量の地震データの収集と分析（第6章）、避難行動のログデータの集積と分析（第7章）、大量の古文書とその解読結果の集積と共有（第8章）などに見られるように、専門家だけでなく多くの市民が「オープンデータ」にアクセスして、「ともにサイエンスする」ことの基盤となっている。

以下、本節では、以上の三つの特徴を、これまでに紹介した事例以上にクリアな形で有する「ツール」をもう一つ紹介して、天変地異のオープンサイエンスにおける「ツール」の重要性についてダメを押しておきたい。ここで紹介するのは、筆者自身がここ数年間開発に携わってきた津波避難訓練支援アプリ「逃げトレ」である。

津波避難訓練支援アプリ「逃げトレ」

「逃げトレ」は、スマートフォンのGPS機能を利用することによって、スマートフォンを携帯して実空間を避難する訓練参加者が、自らの現実の空間移動の状況と、そのエリアで想定される津波浸水の時空間変化の状況を示した動画、この両方をスマートフォンの画面で同時に見ることができるアプリである。しかも、この画面（動画）は訓練中リアルタイムにも、かつ事後的にも確認できる。以下、「逃げトレ」の概要について、簡単に紹介しておく（詳しくは、杉山・矢守（2019）などを参照）。

「逃げトレ」を起動した地点に応じて、当該地域の地図が自動的に画面に表示される。画面には、訓練参加者の現在位置、そこで予想される津波最大浸水域、および、避難ビルなど自治体が指定した避難場所が示されている。「訓練開始」ボタンを押すと、訓練参加者の現実の避難行動に従って、移動の様子が画面上に連続した点の軌跡として表示される。加えて、画面には、その場所に津波が来るまでの余裕時間、地震が発生してからの経過時間、および、その場所での予想津波浸水深も表示される。同時に、その時点で津波が浸水している領域が表示され、この領域は動画として徐々に拡大していく。

さらに避難を継続して、安全な領域（浸水想定域外）に出ようとしている段階における様子を図1に示す。ここでは、訓練者は、矢印で示したように、画面左上から右下の方向へ避難してきており、各時点での現在位置を示す点の色が、実際の画面上では、当初の赤や橙から黄や黄緑を経て緑へと変化している（色の違いが切迫度を表し、緑は浸水域外を意味する）。以上の仕組みにより、訓練参加者は、訓練中、常に、自分の避難行動と津波浸水との関係をモニタリングすることができる。

訓練後には、判定とふりかえりを行う。まず、当該のトライアルが、最終的に「成功」したのか「失敗」したのかについてフィードバックされる。そのとき、当該訓練の時間経過の全貌、すなわち、開始から完了時点までの移動軌跡と津波浸水状況の時間変化とを重ねた様子を一つの動画として見ることができる。これにより、訓練参加者は、自身の避難行動と津波浸水の状況との関係性を、時間を追って理解できる。さらに、これと同じ動画を、避難開始のタイミングが訓練で実際に設定した時間よりも早かった場合、遅かった場合などを仮想的に想定して、その結果をシミュレーションして表示することも可能である。以上の情報は、スマートフォン内に「訓練アルバム」と

図1　訓練中に表示されるスマートフォンの画面サンプル（参加者は左上から右下に移動し、浸水域外へ脱出中）

して保存できるので、その結果を見ながら地域住民で話しあったり、以前の訓練結果と最新の結果とを比較したりすることもできる。

「逃げトレ」――市民自らが手がける実験・実証

「逃げトレ」にはいろいろな特徴があるが、もっとも大切なポイントは、どのように津波から逃れるのかについて、万一津波が発生した場合に実際に避難することになる当事者たる市民が、自ら考え、試し、検証するためのツールになっている点である。自分の逃げ方について自分で考えるのは、一見至極当然のことのように思われる。しかし、自治体や専門家が予め設定したシナリオの通りに進むだけの旧来の避難訓練を思い起こせばすぐにわかるように、従来はこの当たり前が実現できていなかったのだ。

それに対して、「逃げトレ」を用いた訓練では、「正解」が専門家から与えられるわけではない。市民は、「逃げトレ」という「ツール」に導かれて、いつ、どこに、どのように避難することが適切なのか、自ら考え、試し、検証する。これは、第5章の言葉を使えば、「逃げトレ」を用いて、市民が、避難行動に関するデータを自ら「観測」し、「解析」し、それをもとに避難手法について考えるための実験的かつ実践的な研究（アクションリサーチ）を――まるで専門家（科学者）のように――実施しているということである（矢守 2010）。

筆者らは、今、「逃げトレ」をめぐるオープンサイエンスを、新たなウェブシステム「逃げトレView」の開発を通して、さらに前進させようと試みている。「逃げトレView」では、多くの市民が参加した避難訓練のデータ（移動データはユーザーの同意のもと、すべてサーバーに集約される）を合算して、「（セミ）オープンデータ」として蓄積、それをもとに集合的な避難行動を再現できる。さらに「移動速度が一律三〇パーセント低下したら」、「避難開始までの準備時間をあと五分早めることができたら」といった想定も加えて表示することもできる（杉山ほか 2023）。これにより、「この道に多くの人が集中している、避難路を分散させるべき」、「家具固定など直ちに逃げ出せる対策が急務だ」といった実践的な処方箋を引き出すことができる。

この種の「観測」、「解析」を、専門家の手助けを受けながら、市民が反復実施して、避難施設や避難行動の改善が図られていく。こうしたアクションリサーチは、まさにオープンサイエンスの典型例の一つであり、その実現のために「逃げトレ」という「ツール」が重要な役割を果たしている。特に、オープンサイエンスの観点からは、最新の津波想定やGPSを使った空間情報の処理技術などのサイエンスの成果と、市民の日常的な行動（避難訓練や、避難場所となる高台への散歩など）とを結びつける「ツール」が重要だということもわかる。

2　二つのデモクラシー

「天地」と人間の交錯

現代社会が直面する最も深刻な天変地異といえば、地球規模の気候変動（地球温暖化）とパンデミックであろう。このうち、パンデミック、たとえばコロナ禍（Covid-19）を天変地異と見なすことには、いくらか異論もあるかもしれない。ウイルスが引き起こす感染症はいかにそれがグローバルな影響を与えるとしても「天地」の異変（自然災害）とは異なるのではないか、あるいは、爆発的な感染蔓延には「天地」よりも人間・社会が深く関わっているのだから天変地異とはいえない。こういった異論や疑問は、ひとまずその通りである。しかし他方で、私たちが今直面している破局的な出来事（カタストロフ）は、従来とは異なり、「天地」（物質的なシステム）、「動植物」（生物的なシステム）と「人間」（社会的なシステム）との境界を横断して、すべてが一体となって失調や異常を来していることに由来している。このように考えれば、気候変動とパンデミックとを同じ土俵の上で取り扱うことも許されると考える。

「すべてが一体となって」とは、より具体的にはどのような意味か。まず、気候変動を例にとって考えてよう。「天災は忘れた頃にやってくる」だけに注目が集まりがちな随筆「天災と国防」（寺田 2011）で、寺田寅彦は、より肝心で、かつ不気味なことを記している。

> 文明が進むに従って人間は次第に自然を征服しようとする野心を生じた。……（中略）……そうして天晴れ自然の暴威を封じ込めたつもりになっていると、どうかした拍子に檻を破った猛獣の大群のように、自然が暴れ出して高楼を倒潰せしめ堤防を崩壊させて人命を危うくし財産を滅ぼす。その災禍を起こさせたもとの起りは天然に反抗する人間の細工であると云っても不当ではないはずである。（寺田 2011: 12-13, 初出は1934年）

この指摘は、災害対策に対する過信が被害を拡大しているという線で提起されている。しかし、それから約一〇〇年がたって、この警句を自然（寺田の言う「天然」）そのものへと拡大して理解すべき事態に、今、私たちは直面している。巨大な台風や異常な高温による被害など地球規模の気候変動に起因する災害に対する人間活動の影響（悪い意味での貢献）は、もはや動かしがたい事実である。災害（天変地異）は私たちを外側から襲ってくるのではない。私たちこそが災害（天変地異）を作っているのだ。

近年、多くの論者が言及している「人新世」（たとえば、前田 2023）と呼ばれる地質的年代に関する新たな提案の核心も、「天地」と人間の交錯ということにある。自然に対する人間の介入とコントロールが進んだ（進みすぎた）結果として、自然はもはや所与（人間にとって外部）としての自然とはいえなくなった。そして、半ば人工のものとなった自然は、皮肉なことに、人間の手に負えない代物へと変化しつつあるのだ。

こうなると、天変地異のオープンサイエンスも違った見え方をしてくる。すなわち、これまでは、オープンサイエンスというとき、市民は、「所与」（天から与えられる動かしがたい環境）としての天変地異に翻弄される被害者（被影響者）としての立場に置かれていることが前提になっていた。しかし、ここでの議論を踏まえれば、人びとは――科学者たちと同様、あるいは、科学者たちとともに――天変地異に対して被害者であると同時に加害者（影響者）でもあると考えなければならない。実際、本書第4章の議論の多くも、この立場に立っている。

なお、これまで、気候変動を例にとって述べてきたのと同じことが、Covid-19（コロナ禍）にも当てはまることは明らかだろう。Covid-19の起源（その人為性に関する諸説紛々）については、今はおくとしても、「開発」の名の下に無数の未知のウイルスとのコンタクトポイントを人間が近年激増させてきたこと、そして、わずか数十年前との比較でも圧倒的な数量と頻度へと肥大化してきた人びとの空間移動――つまり、人びとの振る舞いが、パンデミックを深刻化させていることは明確である。

パンデミック――「あまねくすべて人びとに」

コロナ禍で広く人口に膾炙した「パンデミック」（感染症などの世界的大流行）とは、ギリシャ語の「パン」（あまねく）と「デモス」（大衆、人びと）の合成語である（佐伯 2020）。「パン・デミック」という言葉自体が、もともと、対象の限定の無効化（「あまねく、全世界の人びとに」）を意味しているのだ。この指摘を敷衍して、矢守（2020）、Yamori & Goltz（2021）は、天変地異として見たとき、コロナ禍は次の三つの特徴をもっていると指摘している。それは、天変地異に関する従来の研究が前提にしてきた三つの「境界」をコロナ禍が無効化（ないし無力化）してしまっているとする指摘である。具体的には、第一に、空間的な境界――「ゾーニング」（zoning）――の無効化であり、第二に、時間的な境界――「フェージング」（phasing）――の無効化であり、第三に、役割上の境界――「ポジショニング」（positioning）――の無効化である。

「ゾーニング」（空間的な境界）の意味は、「封じ込め」、「クラスター」、「水際対策」、「××国への（または、からの）渡航禁止」など、コロナ禍でしばしば耳にした用語群によく表れている。一般に、リスクに対する私たちの安全・安心感覚の根底には「ゾーニング」があある。「ゾーニング」によるマネジメントが利いていると感じている間は、人びとの当該リスクに対する危機感はそれほど強くならない。

実際、コロナに限らず、自然災害対策の多くも「ゾーニング」をベースにしている。たとえば、土砂災害に関するレッドゾーン、イエローゾーンの指定、津波浸水想定マップなどは、文字通り「ゾーニング」による表現である。また、東京電力福島原子力発電所の事故が生み出してしまった「区域」（名称）の数々――「帰還困難区域」など――も、むろん「ゾーニング」である。それに対して、コロナ禍は、まさに、それがパンデミック（あまねく世界中の人びとに）であることにおいて、「ゾーニング」という切り札が通用しないことをあからさまにしたわけである。

「フェージング」（時間的な境界）の無効化が意味するところは、時間的に有限であるはずの災いのプロセスの、どのフェーズ（時間的局面）に、今、私たちはいるのかが見きわめられないことこそが、コロナ禍の基調をなす不安である（あった）ことを考えればわかる。今まさに災厄のピークを迎えているのか、あるいは、もう回復局面に入っているのか、はたまた、長きにわたる苦難のまだ助走部に過ぎないのか。この「フェージング」の未定状態こそがコロナ禍の通奏低音である。このために、コロナ禍をめぐっては、常に、too-late（遅きに失した、手遅れになった）ではないかとの不安・懸念と、too-early（拙速だった、早まった）ではないかとの不安・懸念が併存することになった。

「フェージング」が明瞭でないというコロナ禍の時間感覚上の特徴は、天変地異のマネジメントが抱える課題一般とも密接に関連する。すなわち、この不安は、防災学のテキストに基礎知識として必ず登場する「災害リスクマネジメントサイクル」（「応急対応→復旧・復興→被害抑止→被害軽減」）という考え方や「災害前、災害の渦中、災害後」という常識的な三分法に立脚した災害対応の有効性に疑問を投げかけるものである。コロナ禍にあっては、特に、それを全世界的なパンデミックとして見た場合、今という同じ時点に、すべての時間フェーズが同居しているように見えるからである。

専門家を下りたノーベル賞受賞者

天変地異のオープンサイエンスともっとも深く関係するのは、コロナ禍がもつ三つめの特徴、「ポジショニングの無効化」である。これについては、多くの人びとが、「これからどうなるのだろう」との不安に苛まれていたあの頃、二〇二〇年四月四日の午後九時から放映されたテレビ番組NHKスペシャル「〝感染爆発〟をどう防ぐか：猛威を振るう新型コロナウイルス」の番組冒頭で、出演者の一人で、二〇一二年のノーベル生理学・医学賞の受賞者、山中伸弥氏（京都大学教授）が述べたことをヒントに考えておこう。山中氏は、こう切り出している（山中氏の発言内容は筆者による番組の個人録画からおこしたもの）。

いったい、この後ですね、日本がどっちに行ってしまうんだろうというのを、もう、本当に、あの、心配しております。あの、私、あの、専門家では全然ないんですが、今日は、あの、非常に心配している国民の一人として、専門家の先生方にいろいろお話をうかがえたらなあと思っております。よろしくお願いいたします。

抑制されたものではあったが危機感を隠さない表情と声色とともに発せられたこの発言に驚いた視聴者は少なくなかったと思う。実際、「山中教授『素人考えですが』と前置きして医療崩壊や学校再開について、市民目線の実に現実的な提案をしてくださった。私たちがいま求めているのはこれなんだなあと実感した。山中教授、ありがとうございました」（ツイらん 2020）など、この発言には好意的な反響がネット上に多数寄せられていた。

筆者も、この番組の最大のポイントは、山中氏が「専門家というポジションを下りる」という姿勢を明確に打ち出した点にあったと考えている。「感染症の専門家ではない」、「素人考えですが」――本人は再三留保していたが、にもかかわらず、ノーベル賞受賞者たる山中氏は、一・三億人なり八〇数億人の母集団の中で見れば、圧倒的に医学の専門家である。その山中氏が、あえて専門家というポジションを下りて振る舞おうとした。このリスク・コミュニケーションの「構造」上の特徴が、番組内でコミュニケートされた個別の情報の「内容」よりも、コロナ禍という未曾有の危機を乗り切るために重要なことを示していた。

そのヒントは、コロナ禍で生じた根拠薄弱な情報の拡散・流布、意図的に流された悪質なデマ（陰謀論）、あるいは、それらを契機とした買い占め（に起因する物資の払底）、差別的な言動や行為、風評被害といった現象にある。これらのネガティヴな社会現象のベースには、むろん情報の不足がある。新奇なウイルスによる未曾有の世界的感染によって、社会全体が「真実」に飢えている中、インターネットやSNSが隅々まで普及した現代社会においては、以前にも増して「（にわか）専門家」、「（素人）評論家」が登場し、さまざまな情報を社会に供給することになった。

しかし、「(にわか)専門家」、「(素人)評論家」は、流言やデマなどに由来する社会的な混乱を抑制するべく善意に基づいて振る舞っているつもりであっても、実態としては、正反対の帰結をもたらす場合が多い。つまり、彼らの振る舞いが、その意図に反して、社会的な混乱の一部となっているのである。なぜなら、「これを実行すれば感染は防げる」、「感染症蔓延の真相はこれだ」といった見立ての多くは――山中氏の専門家を下りる姿勢とは対照的に――「我こそが〝正しさ〟を体現する真の専門家である」と、専門家のポジションを要求(クレーム)するものだからである。こうした要求は、専門家批判という外見とは裏腹に、実は、既存の「ポジショニング」(「専門家対非専門家」)を逆に強化していると見なければならない。

以上を念頭におくと、山中氏の専門家としての発言の「内容」ではなく、「専門家というポジションを下りる」という「姿勢」の重要性がよく理解できる。コロナ禍にあっては、「専門家対非専門家」という二元的な対立構造に対するアンチテーゼのように見えて、その実、この構造を保存した上で、さらにその内部における混乱を招くだけの「(にわか)専門家」(新たな専門家)は必要とはされていない。そうではなく、専門家自らが、専門家と非専門家の「ポジショニング」をいったん白紙に戻し、新たな対話と市民との共同を開始することが鍵を握る。同じことを反対側から表現すれば、市民には、「(にわか)専門家」になることではなく、専門家とまっとうに対話することが求められているのだ。

パンデミックの「正解」を知る専門家はいない

パンデミックの専門家はいない。パンデミックという天変地異のすべてを知る専門家は、どこにもいない。既知のウイルスに関する専門家はいるだろう。しかし、未知のそれは、そうした専門家にとっても未知なのであり、少なくとも当初は御しがたい難物である。また、医療、看護、公衆衛生、教育、経済・産業、企業の危機管理、そして、リスク・コミュニケーションなど、パンデミックに関わる多種多様な領域や分野それぞれの専門家は、たしかに存在する。しかし、コロナ禍が明るみにしたように、パンデミックへの対応は、これらすべての領域を横断し総合した知を必要とする。この総合知を体現する専門家は、どこにもいない。要するに、パンデミックについて「正解」を知っている者はいない。だからこそ、山中氏も、「この分野なら正解を知っています」という姿勢をあえてとらなかったのであろう。

この意味で、コロナ禍でもしばしば耳にしたし、原発事故、また巨大地震や津波などの天変地異一般についてもよく発信されている「正しく恐れよ」というフレーズの危うさは明らかである。このフレーズは、「正解」（たとえば、放射能汚染と将来の健康被害との関係性や、巨大地震発生の可能性などに関する「正解」）を知っている格別なポジションが社会の中に存在することを含意しているからである。しかし、これまで議論を重ねてきたように、ここで問題にしている現代の天変地異については、そのような結構なポジションは存在しない。そのことを大前提にして議論を組み立て、また対策を練る必要がある。

だれも「正解」を知らないことを正面から受けとめれば、私たちは、その都度、多くの人がともに

「正解らしきもの」を考えていくほかない。筆者は、こうした意味での「正解らしきもの」のことを、これまで、「成解」と呼んできた（矢守 2011）。「成解」とは、いつでもどこでも、どのような状況でも通用する「正解」（普遍的な解：universally valid solution）とは異なる。「正解」の不在を前提に、かつ、多種多様な考え方をもった、言いかえれば、相互に異なる「正解」イメージをもった多くの人びとが社会を構成していることを前提に、それでもなお、人びとによる前向きな共同を実現するための当面の拠点（社会的に成立する解：socially acceptable solution）を意味する。では、この「成解」は、具体的にはどのように導けるのだろうか。第9章で重要性を指摘した多様性によるイノベーション（DDI）、第4章で詳述した「ミニ・パブリックス」もそのための手法の候補だが、ここで別の事例を紹介しておこう。

3　「クロスロード」で「成解」を作る

「クロスロード」とは？

ここで取り上げる手法の名称は「クロスロード」という。「クロスロード」は、災害への備えの場面や災害後に起こるさまざまな問題を自らの問題として考えるためのゲーム型の教材である。阪神・淡路大震災（一九九五年）で被災地が得た学びを共有・継承することを主目的として、大震災から一〇年目にあたる二〇〇五年に、筆者らが開発・公表した（矢守・吉川・網代 2005）。

「クロスロード」とは「分かれ道」のことで、そこから転じて、重要な、そして多くの場合、難しい選択や判断を意味する。「クロスロード」は、被災地や防災活動の現場によく見られるジレンマ――「あちらを立てればこちらが立たず」という矛盾や葛藤――を素材として、ゲーム参加者（市民や自治体職員など）が、二者択一の設問に「YES」または「NO」の判断を下すことを通して、防災を「他人事」ではなく「わが事」として考え、同時に相互に意見を交わすことをねらいとしている。具体的な設問（ジレンマ）としては、たとえば、「学校教育の早期再開にはマイナスですが、運動場に不足する仮設住宅を建てますか――YES（建てる）／NO（建てない）」、「家族同然の飼い犬を、犬嫌いの人もいるかも知れない避難所に連れて行きますか――YES（連れて行く）／NO（連れて行かない）」など、自治体の防災関係職員、あるいは、一般市民にとって身近な、しかし切実な問題が多数取りあげられている。

ここで重要なことは、「クロスロード」では、それぞれの設問（ジレンマ）について、いつでもどこでも、どのような状況でも通用する「正解」は存在しないと仮定している点である。つまり、「YES／NO」のうちどちらか一方が、いつでも、どこでも、どのような場合でも「正解」になるような設問は「クロスロード」には含まれていない。防災対策の現場、あるいは天変地異に襲われた被災地には、「あちらを立てればこちらが立たず」の問題が次々と起こる。しかも、被災者の思いも、災害対応にあたる人びとの考えも千差万別である。しかし、それなりの結論――「成解」――を編み出して事を前に進めねばならない。「クロスロード」は、天変地異に対する備えや対応の本質をこのようにとらえている。

「二刀流」――「あれかこれか」から「あれもこれも」へ

「クロスロード」については、その見かけと本質との違いに注意が必要である。たしかに、「クロスロード」では、「YES／NO」、二つの選択肢しか与えられず、そこからの〈二者択一〉を参加者に求める。これは、言いかえれば、どんなに辛くても、一方は断念し棄却するように求めることを意味する。しかし、これは、実は「クロスロード」が真に意図するところではなく、事実、現実のゲーミングは、次のような形で進むことも多い。すなわち、「YES／NO」、二つの選択肢の双方を（たとえ部分的にではあっても）両立させるための第三、第四の道をゲーム参加者（関係者）が共同で考案・創出する方向に議論が進むのである。言いかえれば、〈二者択一〉は文字通り形式的なもので、実際には、「クロスロード」は、〈二者択一〉の葛藤構造を克服し、目下の課題や直面する事態を別の形で再組織化するための叩き台なのである。

振り返ってみれば、コロナ禍という天変地異に見舞われて私たちが苦闘し続けてきたことも、これと同じである。たとえば、「感染対策が急務だが、経済を〝まわす〟必要もある」という幾度となく耳にしたフレーズには、直面する事態をまさに〈二者択一〉としてとらえる感覚と、その上で、その「究極の選択」を克服しようとする姿勢が表れている。すなわち、一見すると両立不能に思われる二つ（以上）の選択肢に対して「白黒」つけるのではない。むしろ、〈二者択一〉の構造を克服し、調停不能に見える二つの選択肢間の葛藤を止揚し、双方を融合した「二刀流」の「成解」を、関係者がそれぞれのポジションをフリーにした上で共同で見いだす作業を促進する「ツール」、それが「クロスロード」である。

「デモクラシー」の二つの顔

パンデミックや地球規模の気候変動など、あまねくすべての人に対してふりかかる天変地異からフリーでいられる人はいない。この認識は、その火の粉から逃れることはできないという受動的な意味と、災いの発生に自らも加担している以上、それに対してみなで向き合う責務も権利もあるという能動的な意味、この両方の意味を含んでいる。天変地異は、「パンデミック」、つまり、あまねく全員に災いが及ぶという一面と、「デモクラシー」、つまり、すべての人びとに積極的関わりが要請されるという一面と、この両面をもっている。すべての人びとには、むろん専門家だけでなく一般の市民も含まれる。

さらに、すでに指摘したように、天変地異に対するオールマイティな専門家などそもそも存在しない。だから、「専門家対非専門家」というポジショニングにこだわらないことも重要である。いったんそこからフリーとなってデモクラティックな取り組みを新たに立ち上げること、また、たとえば、第3章で強調されている「お客様」と気象情報の共創作業、第4章で取り上げた「ミニ・パブリックス」、ここで紹介した「クロスロード」のように、それを促進するための新たな仕組みや「ツール」が要請される。専門家と市民が「ともにサイエンスする」ことを中核とするオープンサイエンスは、現代の天変地異と向き合うすべとして、今後、その重要性をますます増していくだろう。

文献

前田幸男 2023『「人新世」の惑星政治学――ヒトだけを見れば済む時代の終焉』青土社

佐伯啓思 2020「現代文明かくも脆弱 異論のススメ（スペシャル）」朝日新聞２０２０年3月31日付朝刊

杉山高志・矢守克也 2019「津波避難訓練支援アプリ『逃げトレ』の開発と社会実装――コミットメントとコンティンジェンシーの相乗作用」『実験社会心理学研究』58, 135-146.

杉山高志・矢守克也・卜部兼慎・西野隆博・中村洋光・土肥裕史・前田宜浩 2023「訓練行動データを用いた津波避難戦略ツールの開発と検証」『日本災害情報学会第27回大会発表論文集』, 159-160.

寺田寅彦 2011『天災と国防』講談社

ツイらん 2020「ＮＨＫスペシャルに対するツイート」https://tsuiran.jp/word/1277784/hourly?t=1586052000（情報取得2020/4/7）

矢守克也 2010『アクションリサーチ――実践する人間科学』新曜社

矢守克也 2011「アクションリサーチ――正解と成解」矢守克也・渥美公秀（編著）『防災・減災の人間科学――いのちを支える、現場に寄り添う』(pp. 8-11) 新曜社

矢守克也 2020「『境界なき災害』――人文系自然災害科学から見たコロナ禍」『自然災害科学』39, 89-100.

Yamori, K., & Goltz, J. D. 2021 Disasters without Borders: The Coronavirus Pandemic, Global Climate Change and the Ascendancy of Gradual Onset Disasters. *International Journal of Environmental Research and Public Health, 18*(6), 3299. https://doi.org/10.3390/ijerph18063299

矢守克也・吉川肇子・網代剛 2005『防災ゲームで学ぶリスク・コミュニケーション――「クロスロード」への招待』ナカニシヤ出版

著者紹介（執筆順）

八木絵香（やぎ えこう）

大阪大学COデザインセンター教授。博士（工学）。専門は科学技術社会論やヒューマンファクター研究。主要著作に『リスク社会における市民参加』（共著、放送大学教育振興会、2021年）、『対話の場をデザインする――科学技術と社会のあいだをつなぐということ』（大阪大学出版会、2009年）他。

竹之内健介（たけのうち けんすけ）

香川大学創造工学部准教授。博士（情報学）。専門は防災工学。主要著作に『現場（フィールド）でつくる減災学――共同実践の五つのフロンティア』（共著、新曜社、2016年）他。

本間基寛（ほんま もとひろ）

一般財団法人日本気象協会担当部長。博士（工学）。専門は気象災害防災学。主要論文に「情報利用者の立場から見た防災気象情報の『改善』」『災害情報』12巻（2014年）他。

飯尾能久（いいお よしひさ）

京都大学名誉教授。阿武山地震・防災サイエンスミュージアム理事長。博士（理学）。専門は内陸地震学。主要著作に『内陸地震はなぜ起こるのか？』（近未来社、2009年）他。

中野元太（なかの げんた）

京都大学防災研究所准教授。博士（情報学）。専門は国際協力論や防災教育学。主要論文に「学校教員の主体性形成を目指した防災教育――メキシコ・シワタネホでのアクションリサーチ」『災害情報』16巻2号（共著、2018年）他。

加納靖之（かのう やすゆき）

東京大学地震研究所准教授。博士（理学）。専門は地震学。主要著作に『歴史のなかの地震・噴火――過去がしめす未来』（共著、東京大学出版会、2021年）、『京都の災害をめぐる』（共著、小さ子社、2019年）他。

稲場圭信（いなば けいしん）

大阪大学人間科学研究科教授。博士（宗教社会学）。専門は宗教社会学や災害社会学。主要著作に『災害支援ハンドブック――宗教者の実践とその協働』（共著、春秋社、2016年）、『利他主義と宗教』（弘文堂、2011年）他。

編者紹介

矢守克也（やもり　かつや）

京都大学防災研究所教授。博士（人間科学）。専門は社会心理学や防災心理学。主要著作に『避難学――「逃げる」ための人間科学』（東京大学出版会、2024年）、『防災心理学入門――豪雨・地震・津波に備える』（ナカニシヤ出版、2021年）、『アクションリサーチ――実践する人間科学』（新曜社、2010年）他。

天変地異のオープンサイエンス
みんなでつくる科学のカタチ

初版第1刷発行　2025年4月4日

編　者　矢守克也
発行者　堀江利香
発行所　株式会社　新曜社
〒101-0051　東京都千代田区神田神保町3-9
電話（03）3264-4973（代）・FAX（03）3239-2958
e-mail　info@shin-yo-sha.co.jp
URL　https://www.shin-yo-sha.co.jp/

印刷所　星野精版印刷
製本所　積信堂

© Katsuya Yamori, 2025 Printed in Japan
ISBN978-4-7885-1879-7 C1036

新曜社の本

アクションリサーチ
実践する人間科学
矢守克也 著
A5判288頁
本体2900円

アクションリサーチ・イン・アクション
共同当事者・時間・データ
矢守克也 著
A5判248頁
本体2800円

誰もが〈助かる〉社会
まちづくりに織り込む防災・減災
渥美公秀・石塚裕子 編
A5判164頁
本体1800円

現場（フィールド）でつくる減災学
共同実践の五つのフロンティア
矢守克也・宮本匠 編
四六判208頁
本体1800円

文化遺産と防災のレッスン
レジリエントな観光のために
山下晋司・狩野朋子 編
A5判216頁
本体2500円

リスク社会の科学教育
専門家とともに考え、意思決定できる市民を育てる
荻原彰 著
四六判360頁
本体2900円

災害の記憶を解きほぐす
阪神・淡路大震災28年の問い
関西学院大学震災の記録プロジェクト／金菱清（ゼミナール）編
四六判192頁
本体2400円

コモンズとしての都市祭礼
長浜曳山祭の都市社会学
武田俊輔 著
A5判332頁
本体4600円

＊表示価格は消費税を含みません。